高等学校创新性数智化应用型经济管理规划教材（智能会计系列）

省级一流本科专业（会计学）建设点配套教材

总主编 / 李雪　　主审 / 徐国君

Excel在会计和财务管理中的应用学习指导书（第三版）

蔡素兰◎主编

武娟　韩真真◎副主编

U0781178

立信会计出版社

LIXIN ACCOUNTING PUBLISHING HOUSE

图书在版编目(CIP)数据

Excel 在会计和财务管理中的应用学习指导书 / 蔡素兰主编. —3 版. —上海:立信会计出版社,2023.1

"十四五"高等学校创新性数智化应用型经济管理规划教材. 智能会计系列

ISBN 978 - 7 - 5429 - 7134 - 0

Ⅰ.①E… Ⅱ.①蔡… Ⅲ.①表处理软件-应用-会计-高等学校-教材②表处理软件-应用-财务管理-高等学校-教材 Ⅳ.①F232②F275-39

中国国家版本馆 CIP 数据核字(2023)第 013720 号

策划编辑	方士华
责任编辑	张巧玲
助理编辑	王悠然
美术编辑	吴博闻

Excel 在会计和财务管理中的应用学习指导书(第三版)

Excel ZAI KUAIJI HE CAIWU GUANLI ZHONG DE YINGYONG XUEXI ZHIDAOSHU

出版发行	立信会计出版社			
地　　址	上海市中山西路 2230 号	邮政编码	200235	
电　　话	(021)64411389	传　　真	(021)64411325	
网　　址	www. lixinaph. com	电子邮箱	lixinaph2019@126. com	
网上书店	http://lixin. jd. com	http://lxkjcbs. tmall. com		
经　　销	各地新华书店			
印　　刷	上海万卷印刷股份有限公司			
开　　本	787 毫米×1092 毫米	1/16		
印　　张	10.5			
字　　数	223 千字			
版　　次	2023 年 1 月第 3 版			
印　　次	2023 年 1 月第 1 次			
书　　号	ISBN 978 - 7 - 5429 - 7134 - 0/F			
定　　价	36.00 元			

总 序

　　教材是高校实现人才培养目标的重要载体,教材及教材建设对高校发展具有举足轻重的作用。与培养模式相对应的教材是培养合格人才的基本保证,是实现培养目标的重要工具。由于历史的原因,在财经类教材的出版方面,相关出版社出版研究型本科或者高职高专、中等职业等层次的教材较多,应用型本科教材较少。虽然近年来一些应用型本科教材也陆续出版,但总体而言,这些教材还是缺乏权威性、普适性、实用性、创新性。造成这种状况的原因主要在于:出版社对财经类应用型本科教材的出版还不够重视,没有进行有效的组织;财经类应用型本科院校多为新建院校,教材建设相对滞后,主观上也较愿意使用研究型本科教材;在教材使用中存在比较严重的混用现象,教材目标读者群不明确,如不少教材既适用于研究型本科院校又适用于应用型本科院校,或者既适用于本科院校又适用于高职高专院校。

　　由于目前财经类应用型本科教材种类和数量匮乏或质量欠佳,财经类应用型本科院校不得不沿用传统研究型教材。这些教材本身的质量很好、级别很高,但是并不适用于应用型本科院校的教学,教师和学生普遍反映不好用。即使在全国范围看,也还没有相对成套、成熟的适合财经类应用型本科院校的教材。现有教材存在的主要问题包括:①教材的定位和要求过高;②教材的内容偏多、难度偏大;③教材着重于理论解释,相关案例、实训等内容较少,缺乏普适性、实用性。

　　与此同时,信息技术的快速发展使学生的学习习惯和阅读习惯发生了改变,不断朝个性化、自主学习的方向发展,传统的单一纸质教材已经无法适应这种变化。翻转课堂、慕课、微课等网络课程的兴起,混合式教学的不断推进,也对立体化教材建设提出了新的要求。教材作为一种课堂上的教学工具、一种传播媒介,理应顺势而为,随课堂形式、学生学习方式的改变而改变,朝着数字化、立体化、可视化的方向发展。因此,我们需要编写适应学生水平、便于学生接受的立体化财经类应用型本科教材。

　　我们组织具有多年应用型人才培养经验的优秀教师和实务界专家编写了这套教材。本套教材有《会计基本技能》《出纳实务》《基础会计》《中级财务会计》《成本会计》《管理会计》《会计信息系统》《财务管理》《审计学》《高级财务会计》《商业分析》《税法》《经济法》《金融学》等品种。为了保证教材的质量,本套教材聘请了知名高校的专家教授进行专门指导和审核。每本教材至少有一名本学科的知名专家或学科带头人提出审核指导意见，至少有一名高等院校教学一线的高级职称教师组织编写，至少有一名行业协会、实务界专家或教学研究机构人员提出编写建议。

本系列教材的特色如下。

1. 应用性

应用型本科的教材建设应坚持培养应用型本科人才的定位，充分吸收和借鉴传统的普通本科教材与高职高专类教材建设的优点和经验，以就业为导向，做到理论上高于高职高专类教材、动手能力的培养上高于传统的本科院校教材。本系列教材体现了应用型本科的定位，体现了素质教育和"以学生发展为本"的教育理念，遵循了高等教育教学基本规律，重视知识、能力和素质的协调发展，根据应用型人才培养模式对学生的创新精神、实践能力和适应能力的要求，在内容选材、教学方法、学习方法、实验和实训配套等方面突出了应用性特征。

2. 针对性

本系列教材的编写符合会计学、财务管理和审计学等专业的培养目标、培养需求、业务规格和教学大纲的基本要求，与各专业的课程结构和课程设置相对应，与课程平台和课程模块相对应。教材在结构纵横的布局、内容重点的选取、示例习题的设计等方面符合教改目标和教学大纲的要求，把教师的备课、试讲、授课、辅导答疑等教学环节有机地结合起来。

3. 立体化

本系列教材为立体化教材，实现了由传统纸质教材向"纸质教材＋数字资源"的转变，通过技术手段将晦涩难懂的理论知识转变为直观的具体知识，以立体化、数字化的方式呈现，包括图文、动画、音频、视频等多种形式，生动、有趣且易懂，不仅可以激发学生的学习兴趣，还有利于教学效果的提升。

4. 趣味性

本系列教材注重趣味性，使用了大量的例题和案例，每章都加入了"思政育人""相关思考""延伸阅读"等内容，使读者能够加深理解，便于掌握相关内容。在案例、例题等的设计选用上重点突出趣味性，易于引发读者的共鸣。

5. 先进性

本系列教材反映了应用型会计人才教育教学改革的内容，能够反映学科领域的新发展。教材的整体规划、每一种教材的内容构建等均体现了创新性。教材还强调了系列配套，包括了教材、学习参考书、教学课件等。立体化教材在内容修订上更具有明显优势，线上资源可以随时根据政策法规、理论知识或工作实务等的变化进行调整，更有利于保持教材内容的先进性。

6. 基础性

本系列教材将打破传统教材自身知识框架的封闭性,尝试多方面知识的融会贯通,注重知识层次的递进,体现每一门科目的基本内容,同时在具体内容上突出实际运用能力,做到"教师易教,学生乐学,技能实用"。

7. 易于自学

自学能力是大学生的一项基本能力。学生只有具备了自主学习的能力,才能最终建立起终身学习的保障体系,这也是应用型本科人才培养的客观要求。应用技术型高校的生源素质与普通高校的生源素质相比存在一定的差距,部分学生在学习习惯、基础知识等方面存在一定的欠缺,这就要求教材能够调动这部分学生的学习积极性,在理论方面尽量通俗易懂,在实践方面尽量采用案例式教学。为了有利于学生课后自主学习,本系列教材配套了学习指导书和教学课件。

因此,本系列教材定位准确,特色明显,适用于应用型本科院校教学,容易得到学生和市场的认可,便于学生的自学和教师的教学。

"十四五"高等学校创新性数智化应用型经济管理规划教材凝聚了众多领导、教授和专家多年来的经验和心血。当然,由于我们的经验和人力有限,教材中难免存在不足,我们期待着各位同行、专家和读者的批评指正。我们将伴随着经济发展和会计学科环境的变迁不断修订教材,以便及时反映学科的最新发展和人才培养的最新变化。

本系列教材自 2014 年出版后,得到市场的认可,深受广大高校师生的欢迎。为了更好地回馈读者,本系列教材从 2017 年起启动第二版的修订工作,2019 年启动第三版的修订工作,2021 年启动第四版的修订工作。各种教材的修订版将陆续出版。我们会一如既往地做好教材修订和相关服务工作,希望广大读者对本套系列教材继续给予支持。

李　雪

2023 年 1 月

第三版前言

本书是高等学校创新性数智化应用型经济管理规划教材(智能会计系列)之一,《Excel在会计和财务管理中的应用》教材的配套学习指导书。本书既可作为高等财经院校Excel财务应用教学的辅助教材,也可作为企业管理人员学习Excel在财务中应用的参考用书。

一、本书写作思路及内容安排

本书根据《Excel在会计和财务管理中的应用》教材及教学大纲的要求,设计了各章重点与难点的提炼讲解,在讲解的过程中配有相关典型例题。讲解完毕,每章配有练习题并提供相应的参考答案。

《Excel在会计和财务管理中的应用学习指导书》分为三个部分:第一部分为"学习指导及思考与练习",下设"重点、难点讲解及典型例题""思考与练习";第二部分为"思考与练习参考答案";第三部分为"模拟试题及参考答案"。

二、本书的编写特点

(1)知识结构清晰。帮助学生建立学习理论框架,把握知识逻辑关系。

(2)以就业为导向,突出理论联系实际。注意提升学生的实践动手操作能力,重视知识、能力和素质的协调发展,为学生的就业打下坚实基础。

(3)内容上体现教、学、训、练、用的结合。以培养学生动手能力为原则,坚持教与学结合、学与训一体、练与用衔接,既注重实际工作中常用技能的介绍,又兼有知识技能的拓展。

(4)注重对重点、难点的讲解。借助图、表等工具进行讲解,图文并茂,通俗易懂。

(5)习题形式多样。既有客观题,也有大量的上机操作题,涵盖面广,学生通过练习能更多地接触Excel的实务操作,提高综合分析和解决问题的能力。

(6)重视对知识点的总结,并运用知识点对比的方式便于掌握记忆。

本书由蔡素兰担任主编,武娟、韩真真担任副主编,多位优秀教师和实务界专家参编。具体分工如下:第一、第二部分的第一章、第三章、第四章、第九章由蔡素兰编写,第二章、第五章由杨姗编写,第六章、第十章由韩真真编写,第七章、第八章由武娟编写,第十一章由孙美杰、韩真真编写;第三部分模拟试题及参考答案由蔡素兰编写。

本书在编写的过程中参考了大量相关教材和论著,在此向有关作者致以深深的谢意!

本书的编写先后经过多次讨论研究,力求内容编排合理、避免错误,但难免存在考虑不周,表达不妥当的地方,书中如有疏漏不足之处,敬请读者批评指正。

编　者

2023 年 1 月

目　录

第一部分　学习指导及思考与练习

第二部分　思考与练习参考答案

第三部分　模拟试题及参考答案

第一部分

学习指导及思考与练习

第一章　Excel 基础知识

重点、难点讲解及典型例题

一、自定义 Excel

1. 设置屏幕显示和默认值

（1）"视图"选项卡可以显示或隐藏网格线、编辑栏或标题。

（2）单击"文件"|"更多"|"选项"，打开"Excel 选项"对话框，单击"高级"选项卡，可以设置是否显示滚动条、工作表标签、行和列标题，或设置网格线的颜色等。

（3）单击"文件"|"更多"|"选项"，打开"Excel 选项"对话框，单击"常规"选项卡，可以设置新建工作簿时默认字体、字号及包含的工作表数。

注意：打开一个工作簿，默认包含 1 张工作表，最多包含 255 张工作表。

2. 自定义快速访问工具栏

要自定义快速访问工具栏，可以单击快速访问工具栏右侧的按钮▼，在弹出的"自定义快速访问工具栏"快捷菜单中，选择"其他命令"。

【例题 1·判断题】 Excel 中所有的命令都可以在功能区中找到。　　　（　　）

【答案】 ×

【解析】 Excel 中有一些命令并不显示在功能区中，使用时可以自定义快速访问工具栏，将其添加到快速访问工具栏中。

二、输入与编辑数据

1. 输入数据

（1）分数：在分数前输入"0"（零）以示区别，并且在"0"和分子之间要有一个空格隔开。

（2）负数：数字前输入"－"作标识，也可将数字置在（）括号内来标识。

（3）日期和时间：用斜杠"/"或者横杠"－"来分隔日期中的年、月、日；按 12 小时制输入时间，要在时间数字后加一个空格，然后输入 a（或 AM）、p（或 PM）。

注意：按 Ctrl＋;快捷键（两个键）：插入系统当前的日期。

　　　　按 Ctrl＋Shift＋;快捷键（三个键）：插入系统当前的时间。

【例题 2·多项选择题】 Excel2019 中，可以通过其插入系统当前日期的有（　　）。

A. Ctrl＋;　　　　　　　　　　　B. Ctrl＋Shift＋;

C. ＝Today()　　　　　　　　　　D. ＝Now()

【答案】 AC

【解析】 Excel2019 中,通过 Ctrl+;组合键和 Today 函数可插入系统当前的日期,只是前者不能自动更新,后者可以自动更新。Now 函数返回系统当前的日期和时间。

2. 数据快速填充

(1)在多个单元格中输入相同的数据。具体操作方法为:选择多个单元格→在活动单元格中输入内容→Ctrl+Enter。

(2)自动填充:等差序列或日期序列。

① 方法:建立序列前几位(至少两位)→选定这两个单元格→单击第 2 个单元格右下角的填充柄→按住鼠标左键拖曳填充柄到结束。

② 可按列填充序列,也可按行填充序列。

③ 日期填充类型:可按天数、工作日、月、年填充。

(3)等比序列:自动填充只能产生等差序列,若要产生等比序列,应采用以下方法:

建立序列第一位→选定区域→"开始"|"编辑"|"填充"|"序列"。

(4)自定义填充序列:

① 预定义序列:11 种。例如,一月,二月,……;星期日,星期一,……。

② 自定义序列:"文件"|"更多"|"选项"|"高级"|"编辑自定义列表"→输入序列→添加。

【例题 3 · 多项选择题】 以下有关填充序列的描述,正确的有( )。

A. 可以在同一行里进行自动填充,也可以在同一列里进行自动填充。

B. 日期序列的自动填充选项包括复制单元格、填充序列、仅填充格式、不带格式填充、快速填充、以天数填充、以工作日填充、以月填充、以年填充。

C. 通过"开始"|"编辑"|"填充"命令,在弹出的子菜单中选择"序列"命令,打开"序列"对话框,可以填充等差序列、日期序列和等比序列。

D. 用户只能用系统预定义的序列,不能自定义序列。

【答案】 ABC

【解析】 Excel 提供了 11 种预定义的序列,除此之外,用户可以根据需要自定义序列,所以选项 D 不对。

三、管理工作表

1. 拆分与冻结工作表

(1)拆分工作表:

① 选定拆分分割处的单元格,该单元格的左上角就是拆分的分割点。

② 拆分时也可选定行号或者列标,这样拆分后的窗口将变成上下或者左右两部分。

(2) 冻结工作表:

① 选择一个单元格作为冻结点,在冻结点上方和左边所有单元格都将被冻结,并保留在屏幕上。

② 冻结时也可选定某行或者某列,这样冻结后选定行的上方或列的左边将保留在屏幕上。

2. 保护工作表

(1)"保护工作表"后默认情况下不能对单元格的格式、行和列的格式、单元格内容等进行修改。

(2) 若要达到保护工作表后修改其中的一部分的目的,可将要修改单元格的锁定状态取消(单击"开始"|"单元格"|"设置单元格格式"|"保护"命令);或通过"审阅"|"更改"|"允许用户编辑区域"命令,设置要修改区域,再保护工作表。

3. 修饰工作表

(1) 隐藏行或列可选定行或列后,单击鼠标右键执行隐藏,也可通过"开始"|"单元格"|"格式"|"隐藏和取消隐藏"来执行。

(2) 取消隐藏时,须先选定包括被隐藏行或列的最小范围,再执行取消隐藏。

【例题 4·多项选择题】 在默认情况下保护工作表后,以下各项中,不能进行操作的有( )。

A. 隐藏行或列　　　　　　　　　B. 调整行高或列宽

C. 插入行或列　　　　　　　　　D. 修改单元格的内容或格式

【答案】 ABCD

【解析】 "保护工作表"后默认情况下不能对单元格的格式(包括数字格式、对齐、边框等)、单元格的内容、行和列的格式(包括调整行高或列宽、隐藏或取消隐藏行或列、插入或删除行或列)等进行修改。所以选项 A、B、C、D 均正确。

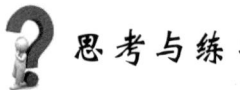 思考与练习

一、单项选择题

1. 在 Excel2019 中,打开一个工作簿默认包含( )张工作表。

A. 1　　　　　　　　　　　　　　B. 3

C. 5   D. 255

2. 在 Excel 中,文本默认的对齐方式为(   )。

A. 左对齐   B. 居中对齐

C. 右对齐   D. 上对齐

3. 在 Excel 工作表中,若想输入当前日期,可以通过下列组合键快速完成的是(   )。

A. Ctrl+Shift+;   B. Shift+;

C. Ctrl+Alt+;   D. Ctrl+;

4. 在 Excel 工作表的单元格内输入日期时,年、月、日分隔符可以是(不包括引号)(   )。

A. "/"或"—"   B. "/"或"\"

C. "."或"|"   D. "\"或"—"

5. 在 Excel 工作表中,想要在一个单元格中输入多行数据,可以同时按住(   )。

A. Ctrl+Shift   B. Ctrl+Shift+Alt

C. Ctrl+Enter   D. Alt+Enter

6. 在 A1 单元格内输入 1,在 A2 单元格内输入 3,然后选中 A1:A2 后,拖动填充柄,得到的数字序列是(   )。

A. 等差序列   B. 等比序列

C. 整数序列   D. 日期序列

7. 在 Excel 工作表中,选取某个单元格后,执行"冻结窗格"命令,则该单元格(   )的单元格区域就被冻结了。

A. 右下方   B. 左方

C. 左上方   D. 右方

8. 在 Excel 工作表中,若要对某张工作表重命名,可以采用(   )。

A. 双击表格标题行

B. 单击工作表标签

C. 双击工作表标签

D. 单击表格标题行

9. 在 Excel 工作表中,若要在多个单元格中输入相同的数据,可以同时按住(   )。

A. Ctrl+Shift   B. Ctrl+Shift+Alt

C. Ctrl+Enter   D. Alt+Enter

10. 在 Excel 中要复制选定的工作表,方法是在工作表名称上单击鼠标右键后弹出快捷菜单,选择"移动或复制"命令,在弹出的"移动或复制工作表"对话框中选择移动或复制工作表的位置。如果没有选定"建立副本"复选框,则表示文件的(　　)。

A. 复制 　　　　　　　　　　　B. 操作无效

C. 删除 　　　　　　　　　　　D. 移动

二、多项选择题

1. Excel 基本操作对象包括(　　)。

A. 工作簿 　　　　　　　　　　B. 工作表

C. 工作表标签 　　　　　　　　D. 单元格

2. 在 Excel 工作表中,下列方法中,可以正确输入等差或等比序列的有(　　)。

A. 利用单元格的填充柄＋左键可以输入等差序列

B. 利用单元格的填充柄＋左键可以输入等比序列

C. 在单元格中输入第 1 个数,选定区域,以开始｜编辑｜填充｜序列的方式输入等差序列

D. 在单元格中输入第 1 个数,选定区域,然后使用开始｜编辑｜填充｜序列的方式输入等比序列

3. 在默认情况下保护工作表后,以下不能进行操作的有(　　)。

A. 对工作表重命名

B. 修改单元格的格式

C. 插入两行

D. 删除工作表

4. Excel 中,可以通过以下方式插入系统当前时间的有(　　)。

A. Ctrl＋; 　　　　　　　　　　B. Ctrl＋Shift＋;

C. ＝Today( ) 　　　　　　　　D. ＝Now( )

5. 在 Excel2019 工作表中,下列操作可以取消隐藏行的有(　　)。

A. 选择包括隐藏行的上下行的行号区数字,然后选择"开始"｜"单元格"｜"格式"｜"隐藏和取消隐藏"｜"取消隐藏行"命令

B. 选择包括隐藏行的上下行的行号区数字,单击鼠标右键,在弹开的对话框中选择"取消隐藏"命令

C. 选中任意一行,单击鼠标右键,在弹开的对话框中选择"取消隐藏"命令

D. 将鼠标放在隐藏行的位置,当鼠标变成上下箭头时,按住鼠标左键拖动鼠标

三、判断题

1. 在 Excel 中,若用户在 Sheet1 的单元格中输入"1/2",即表示输入分数二分之一。
                      ( )

2. 在 Excel 的 sheet1 的某个单元格中输入(1),则表示输入−1。 ( )

3. 在 Excel 中,一个工作簿最多包含 255 张工作表。   ( )

4. 在 Excel 中,用户可以自定义序列,在新建序列时,序列内容之间可以用中文状态下的逗号隔开。   ( )

5. 当工作表的数据比较多时,可以采用工作表窗口冻结的方法,使标题行或列不随滚动条移动。对于水平和垂直同时冻结的情况,先选择冻结点所在的一个单元格,再选择"视图"|"窗口"|"冻结窗格"|"冻结窗格(F)"命令,则该单元格的下方和右侧的所在单元格将被冻结。   ( )

6. 在 Excel 中,数字默认的对齐方式为左对齐。   ( )

四、上机操作题

1. 新建一个工作簿,在 Sheet1 工作表中填充如下序列:

(1) 1～100 正整数序列。

(2) 首位为 2,比值为 3 的等比序列。

(3) 采用快捷键插入系统当前日期,并按工作日填充。

(4) 自定义序列:中国、美国、英国、德国、日本。

2. 表 1-1 是一份英语四级词汇测试表。

表 1-1 英语四级词汇测试表

	A	B	C	D	E
1		英语四级词汇测试			
2	姓名				
3	班级				
4	得分	50			
5	题号	题目	解答	得分	标准答案
6	1	We have been told that under no circumstances _____ the telephone in the office for personal affairs. A.may we use B.we may use C.we could use D.did we use	A	10	A
7	2	Some people would like to do shopping on Sundays since they expect to pick up wonderful _____ in the market. A.batteries B.bargains C.baskets D.barrels	B	10	B
8	3	_____ you are leaving tomorrow, we can eat dinner together tonight. A.For B.Since C.Before D.While	A	0	B
9	4	This crop has similar qualities to the previous one, _____ both wind-resistant and adapted to the same type of soil. A.being B.been C.to be D.having been	C	0	A
10	5	I've never been to Beijing, but it's the place _____. A.where I'd like to visit B.in which I'd like to visit C.I most want to visit D.That I want to visit it most	C	10	C

要求：根据题意完成以下操作。

（1）隐藏 D 和 E 列。

（2）删除单元格区域 C6：C10 的内容。

（3）若要达到用户只能在单元格区域 C6：C10 进行解答，其他操作均无法进行的效果，对该工作表应如何进行操作？

第二章　Excel 数据处理基础

重点、难点讲解及典型例题

一、运算符

运算符是用于指定要对公式中的元素执行的计算类型,它是一个标记或符号。运算符可以对公式中的元素进行相应的运算。Excel 包含四种类型的运算符:算术运算符、比较运算符、文本运算符和引用运算符。

【例题 1·单项选择题】 Excel 中的文字运算符为( )。

A. $ B. & C. % D. @

【答案】 B

【解析】 使用文本运算符"&"可以将多个文本连接成组合文本。例如,在某单元格中输入公式"="中"&"国""时,结果为"中国"。

【例题 2·单项选择题】 在 Excel 提供的运算符中,优先级最低的是( )。

A. 算术运算符 B. 比较运算符

C. 文本运算符 D. 引用运算符

【答案】 B

【解析】 运算符的优先级如表 2-1 所示。

表 2-1 运算符的优先级

运算符	说明	优先级
:(冒号)、空格和,(逗号)	引用运算符	1
—(减号)	负号	2
%(百分号)	百分比	3
^(插入符号)	乘幂运算	4
*(星号)和/(正斜线)	乘法运算和除法运算	5
+(加号)和—(减号)	加法运算和减法运算	6
&	文本连接符	7
=、<、>、<=、>=、<>	比较运算符	8

如果要改变公式中一些运算符的优先级别,可以将公式中要先计算的部分用括号括起来。Excel将先计算括号内的部分,然后再计算括号外的部分。

二、公式中单元格的引用

Excel中利用单元格引用表示工作表中的单元格或单元格区域并指明公式中所使用的数据的位置,通过引用可以在公式中使用工作表不同部分的数据,或者同一工作簿中不同工作表的单元格,或者不同工作簿中的单元格,或者在多个公式中使用同一个单元格的数值。

引用分为相对引用、绝对引用和混合引用。

【例题3·单项选择题】 使用坐标＄E＄3引用工作表E列第3行的单元格,这称为对单元格坐标的( )。

A. 绝对引用   B. 相对引用

C. 混合引用   D. 三维引用

【答案】 A

【解析】 绝对引用的单元格,在其行标和列标前分别加上绝对引用符号"＄",例如,＄C＄5表示单元格C5的绝对引用,＄C＄5：＄E＄9表示单元格区域C5：E9的绝对引用。

【例题4·单项选择题】 在Excel中,若单元格引用随公式所在单元格位置的变化而改变,则称之为( )。

A. 绝对引用   B. 三维引用

C. 混合引用   D. 相对引用

【答案】 D

【解析】 相对引用就是包含公式的单元格与被引用的单元格之间的位置是相关的,单元格或单元格区域的引用是相对于包含公式的单元格的相对位置,即如果将公式从某个单元格复制或填充到其他单元格,公式中引用的单元格的地址也会发生改变,相对引用将会自动调整计算结果。

三、常用函数

Excel提供了大量的函数,可以进行一般的统计、分析、财务计算等。最常用的函数有SUM函数、AVERAGE函数、MAX函数、MIN函数等。

【例题5·单项选择题】 在Excel中,公式"＝SUM(C2，E3：F4)"的含义是( )。

A. ＝C2＋E3＋E4＋F3＋F4   B. ＝C2＋F4

C. ＝C2＋E3   D. ＝C2＋E3＋F4

【答案】 A

【解析】 SUM 函数的语法为 SUM(number1，number2，…)，用于返回指定单元格区域中所有数字的和，其参数可以是单元格，也可以是单元格区域，所以选 A。

【例题 6·单项选择题】 在 Excel 中，公式"＝MAX(3，8，5，2)"的值是(   )。

A. 3   B. 8

C. 5   D. 2

【答案】 B

【解析】 MAX 函数用于返回参数的最大值，其语法为 MAX(number1，number2，…)，其中，number1，number2，…是要从中找出最大值的参数，所以选 B。

四、数据管理与分析

Excel 可以对数据进行排序、筛选和分类汇总等操作。

【例题 7·多项选择题】 在 Excel 中，关于"筛选"的叙述错误的有(   )。

A. 自动筛选和高级筛选都可以将结果筛选至另外的区域中

B. 不同字段之间进行"或"运算的条件必须使用高级筛选

C. 自动筛选的条件只能是一个，高级筛选的条件可以是多个

D. 如果所选条件出现在多列中，并且条件间有"与"的关系，必须使用高级筛选

【答案】 ACD

【解析】 自动筛选不能将结果筛选至另外的区域中，自动筛选的条件也可以是多个，自动筛选选择多个条件是"与"的关系，所以选 ACD。

【例题 8·单项选择题】 在 Excel 中，下面关于分类汇总的叙述错误的是(   )。

A. 分类汇总前必须按分类字段排序

B. 执行一次分类汇总的分类字段只能是一个字段

C. 分类汇总可以被删除，但删除汇总后排序操作不能撤销

D. 汇总方式只能是求和

【答案】 D

【解析】 分类汇总可以对数据中的某一字段进行求和、求平均、求最大值等函数运算，计算分类汇总值，并且将计算结果分级显示出来，所以选 D。

五、图表

Excel2019 具有完整的图表功能，它不仅可以生成诸如条形图、折线图、饼图等标准图表，还可以生成较为复杂的三维立体图表。

【例题 9·单项选择题】 用 Excel 可以创建各类图表,如条形图、柱形图等。为了显示数据系列中每一项占该系列数值总和的比例关系,应该选择的图表是(　　)。

A. 条形图　　　　　　　　　　B. 柱形图

C. 饼图　　　　　　　　　　　D. 折线图

【答案】 C

【解析】 饼图是把一个圆面划分为若干个扇形面,每个扇面代表一项数据值。饼图只适用于单个数据系列间各数据的比较,显示数据系列中每一项占该系列数值总和的比例关系,所以选 C。

【例题 10·多项选择题】 在 Excel 中,使用图表向导为工作表中的数据建立图表,错误的说法是(　　)。

A. 图表中的图表类型一经选定建立图表后,将不能修改

B. 只能为连续的数据区建立图表,数据区不连续时不能建立图表

C. 只能建立一张单独的图表工作表,不能将图表嵌入到工作表

D. 当数据区中的数据系列被删除后,图表中的相应内容也会被删除

【答案】 ABC

【解析】 选定图表类型建立图表后,仍可以修改图表类型;可以选择不连续的图表区域建立图表;可以将图表嵌入到工作表中;所以选 ABC。

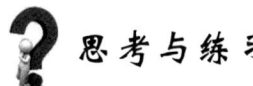 **思考与练习**

一、单项选择题

1. 在工作表 sheet1 中,若 A1 单元格为"1",B1 单元格为"2",A2 单元格为"3",B2 单元格为"4",在 C1 单元格输入公式"＝A1＋B1",将公式从 C1 单元格复制到 C2 单元格,则 C2 单元格的值为(　　)。

A. 4　　　　　　　　　　　　B. 3

C. 7　　　　　　　　　　　　D. 6

2. 用(　　),可使该单元格显示 0.5。

A. 3/6　　　　　　　　　　　B. "3/6"

C. ＝"3/6"　　　　　　　　　D. ＝3/6

3. 在 Excel 中,公式"＝AVERAGE(A1:A4)"的含义是(　　)。

A. ＝A1＋A4　　　　　　　　B. ＝(A1＋A4)/2

C. ＝(A1＋A2＋A3＋A4)/2   D. ＝(A1＋A2＋A3＋A4)/4

4. 在数据透视表的组成部分中,(   )能实现汇总的作用。

A. 筛选   B. 值

C. 列   D. 行

5. 对单元中的公式进行复制时,(   )地址会发生变化。

A. 相对地址中的偏移量   B. 相对地址所引用的单元格

C. 绝对地址中的地址表达式   D. 绝对地址所引用的单元格

6. 在降序排序中,在序列中空白的单元格行被(   )。

A. 放置在排序数据清单的最前   B. 放置在排序数据清单的最后

C. 不被排序   D. 保持原始次序

7. 如果输入以(   )开始,Excel 认为单元的内容为公式。

A. ！   B. ＊

C. ＝   D. √

8. Excel 在公式运算中,如果引用第 6 行的绝对地址,第 D 列的相对地址,则应为(   )。

A. 6D   B. ＄6D

C. ＄D6   D. D＄6

9. 在 Excel 中,＆ 运算符的运算结果是(   )。

A. 文本型   B. 数值型

C. 逻辑型   D. 公式型

10. 在 Excel 提供的四类运算符中,优先级最低的是(   )。

A. 算术运算符   B. 文本运算符

C. 比较运算符   D. 引用运算符

二、多项选择题

1. 以下单元格引用中,属于混合引用的有(   )。

A. ＄A＄2   B. ＄A2

C. B＄2   D. A＄2＄

2. 在工作表中建立函数的方法有(   )。

A. 直接在单元格中输入函数   B. 直接在编辑栏中输入函数

C. 利用工具栏上的函数工具按钮   D. 利用工具栏上的函数指南按钮

3. 以下函数中,最多可设置 255 个参数的有(   )。

A. SUM()

B. MIN()

C. MAX()

D. AVERAGE()

4. 有关表格排序的说法不正确的有（   ）。

A. 只有数字类型可以作为排序的依据

B. 只有日期类型可以作为排序的依据

C. 笔画和拼音不能作为排序的依据

D. 排序规则有升序和降序

5. Excel 图表的类型有多种,折线图不适合反映（   ）。

A. 各数据之间量与量的大小差异

B. 各数据之间量的变化快慢

C. 单个数据在所有数据构成的总和中所占比

D. 数据之间的对应关系

6. 在 Excel 中,运算符号的类型包括（   ）。

A. 算术运算符

B. 引用运算符

C. 比较运算符

D. 文本运算符

7. 以下是"＝SUM(E1:F2)"等价式的有（   ）。

A. ＝E1＋F2

B. ＝E1＋E2＋F1＋F2

C. ＝SUM(E1:E2,F1:F2)

D. ＝SUM(E1:F1,E2:F2)

8. 数据透视表的组成部分包括（   ）。

A. 筛选

B. 行

C. 列

D. 值

9. 自动筛选的项目包括（   ）。

A. 升序

B. 降序

C. 按颜色排序

D. 数字筛选(或文本筛选)

10. 取消自动筛选的操作有（   ）。

A. 单击每列筛选按键,选择"从××中清除筛选"

B. 数据|排序与筛选|清除

C. 点击数据|筛选

D. 单击每列筛选按键,单击"全选"

三、判断题

1. 自动筛选的快捷键为:Ctrl＋Shift＋M。   （   ）

2. Excel 中数据源的数据改变,数据透视表的数据也随着改变。 （　　）

3. 函数本身也可以作为另一个函数的参数。 （　　）

4. 在工作表窗口中的工具栏中有一个"Σ"自动求和按钮。实际上它代表了工作函数中的"SUM()"函数。 （　　）

5. 用 Excel 可以创建各类图表。对于为描述特定时间内各个项之间的差别并对各项进行比较的应选择条形图。 （　　）

6. 在工作表 Sheet1 的 A1 单元格中输入公式"＝1＞＝2"(不包括双引号),则运行结果为 2。 （　　）

7. 使用高级筛选进行筛选前,必须先按预期的筛选条件设置好条件区域。 （　　）

8. 在默认的情况下,分类汇总的汇总结果显示在数据上方。 （　　）

9. 可以通过多次执行分类汇总的方式对超过一个的分类字段进行分类汇总。

（　　）

10. SUM 函数的参数如果是直接输入的逻辑值 TRUE,则会转为数字 1 参与运算,如果是直接输入的逻辑值 FALSE,则会转为数字 0 参与运算。 （　　）

四、上机操作题

1. 2022 级部分学生成绩如表 2-2 所示。

表 2-2　2022 级部分学生成绩表

学号	姓名	性别	数学	礼仪	计算机	英语	总分	平均分	最大值	最小值
202201	孙志	男	72	82	81	62				
202202	张磊	男	78	74	78	80				
202203	黄亚	女	80	70	68	70				
202204	李峰	男	79	71	62	76				
202205	白梨	女	58	82	42	65				
202206	张祥	女	78	71	70	52				

要求:根据题意完成以下操作。

(1) 把标题行进行合并居中。

(2) 用函数求出总分、平均分、最大值、最小值。

(3) 用总分成绩递减排序,总分相等时用学号递增排序。

(4) 筛选计算机成绩大于等于 70 分且小于 80 分的纪录。

2. 在 Excel 中,按表 2-3 要求建立数据表格和图表。

表 2-3 药品成分构成情况

成　　分	含　　量	比　　例
碳	0.02	
氢	0.25	
镁	1.28	
氧	3.45	

要求:根据题意完成以下操作。

(1) 将下列某种药品成分构成情况的数据建成一个数据表(存放在 A1:C5 的区域内),并计算出各类成分所占比例(保留小数点后面 3 位),其计算公式是:

比例=含量(mg)/含量的总和(mg)

(2) 对建立的数据表建立分离型三维饼图,图表标题为"药品成分构成图",并将其嵌入到工作表的 A7:E17 区域中。

3. A 公司 2023 年的销售数据如图 2-1 所示(部分)。

	A	B	C	D	E	F	G	H
1			A公司2023年的销售数据					
2								
3	销售季度	销售日期	商品名称	销售单价	销售数量	销售收入（元）	销售地点	销售人员
4	1季度	2023/1/15	彩电	980	500	490 000	北京	刘新
5	1季度	2023/1/20	空调	3 200	300	960 000	南京	高玉
6	1季度	2023/1/25	冰箱	2 600	200	520 000	上海	王华
7	1季度	2023/2/3	彩电	980	300	294 000	北京	李玲
8	1季度	2023/2/10	电风扇	290	500	145 000	长春	袁龙
9	1季度	2023/2/22	电脑	6 800	100	680 000	天津	李颖
10	1季度	2023/2/19	电风扇	290	200	58 000	南京	程静
11	1季度	2023/3/1	彩电	980	500	490 000	上海	王华
12	1季度	2023/3/11	空调	3 200	300	960 000	太原	戴军
13	1季度	2023/3/16	电脑	6 800	500	3 400 000	北京	刘新
14	1季度	2023/3/25	冰箱	2 600	300	780 000	沈阳	杨梅
15	2季度	2023/4/3	彩电	980	500	490 000	天津	刘立
16	2季度	2023/4/18	电脑	6 800	600	4 080 000	南京	高玉
17	2季度	2023/4/26	彩电	980	500	490 000	北京	李玲
18	2季度	2023/4/28	电风扇	290	800	232 000	长春	袁龙

图 2-1 销售数据

要求:根据销售数据完成以下操作。

19

（1）使用分类汇总汇总出每个销售地点的销售数量和销售收入。

（2）使用分类汇总汇总出每个销售地点和每个销售人员的销售数量和销售收入。

（3）使用数据透视表汇总出每个销售地点的销售数量和销售收入。

（4）使用数据透视表汇总出每个销售地点和每个销售人员的销售数量和销售收入。

第三章　Excel 在会计核算中的应用

重点、难点讲解及典型例题

一、记录单

1. 调出记录单的方法

（1）选择"Excel 选项"|"更多"|"快速访问工具栏"|"不在功能区中的命令"|"记录单"命令，单击"添加"按钮。

（2）快捷方式 Alt＋D＋O。

注意：因为此快捷键组合是 Excel2003 的快捷键，在 Excel2019 中，需要按下两次。

2. 记录单的作用

"记录单"可用于新建记录、删除记录、查找记录、修改或还原记录。

【例题 1·多项选择题】 以下属于记录单作用的有（　　）。

A. 新建记录　　　　　　　　　　B. 删除记录

C. 查找记录　　　　　　　　　　D. 修改记录

【答案】 ABCD

【解析】 "记录单"可用于新建记录、删除记录、查找记录、修改或还原记录。

【例题 2·判断题】 使用"记录单"新建记录时，从上一字段移到下一字段，可用鼠标或按 Enter 键。　　　　　　　　　　　　　　　　　　　　　　　　（　　）

【答案】 ×

【解析】 使用"记录单"新建记录时，从上一字段移到下一字段，可用鼠标或按 Tab 键，而不是按 Enter 键。若按 Enter 键未录完的记录将显示到工作表中。

二、设计会计凭证表模板

1. IF 函数

IF 函数用于判断是否满足某个条件，如果满足返回一个值，如果不满足则返回另一个值。IF 函数最多可以嵌套 64 层，方法是通过 value_if_true 或 value_if_false 参数构造复杂的检测条件。

【例题 3·单项选择题】 Excel2019 中，IF 函数最多可以嵌套（　　）层。

A. 3　　　　　　　　　　　　　　B. 7

C. 64　　　　　　　　　　　　　　D. 255

【答案】 C

【解析】 Excel2019 中,IF 函数最多可以嵌套 64 层。

【例题 4·单项选择题】 在 Excel 某单元格中,输入公式"＝IF(1＞2，3，IF 3＞4，4，5)",则运行结果为(　　)。

A. 2   B. 3

C. 4   D. 5

【答案】 D

【解析】 条件 1＞2 不成立,函数运行 if(3＞4，4，5);3＞4 不成立,因此结果为 5。

2. VLOOKUP 函数

VLOOKUP 函数用于在表格或数值数组的首列查找指定的数值,并由此返回表格或数组当前行中指定列处的数值。

(1) 如果 VLOOKUP 函数找不到 lookup_value,且 range_lookup 为 TRUE,则使用小于等于 lookup_value 的最大值。

(2) 如果 lookup_value 小于 table_array 第一列中的最小数值,VLOOKUP 函数返回错误值♯N/A。

(3) 如果 VLOOKUP 函数找不到 lookup_value 且 range_lookup 为 FALSE,VLOOKUP 函数返回错误值♯N/A。

(4) 如果 range_lookup 为 TRUE,则 table_array 的第一列中的数值必须按升序排列,否则,VLOOKUP 函数不能返回正确的数值。如果 range_lookup 为 FALSE,table_array 不必进行排序。

【例题 5·综合题】 在工作表中存储有关"密度""粘度""温度"的大气特征表(该值是在海平面 0 摄氏度或 1 个大气压下对空气的测定),设置查询表,通过大气特征表(图 3-1)的"密度"列以查找"粘度"和"温度"列中对应的值。

▲	A	B	C	D	E	F	G
1	大气特征表				查询表		
2	密度	粘度	温度		密度	粘度	温度
3	0.457	3.55	500				
4	0.525	3.25	400				
5	0.616	2.93	300				
6	0.675	2.75	250				
7	0.746	2.57	200				
8	0.835	2.38	150				
9	0.946	2.17	100				
10	1.09	1.95	50				
11	1.29	1.71	0				

图 3-1　密度 粘度 温度数据

(1) 在 F3 单元格中输入公式"=VLOOKUP(E3，A2：C11，2，true)"，在 E3 单元格中输入 0.525，则 F3 单元格的运行结果为（　　）；在 E3 单元格中输入 0.5，则 F3 单元格的运行结果为（　　）；在 E3 单元格中输入 0.4，则 F3 单元格的运行结果为（　　）。

A．2.93　　　　　　　　　　　　B．3.25

C．3.55　　　　　　　　　　　　D．♯N/A

【答案】　BCD

【解析】　使用近似匹配搜索 A 列中的值 0.525，在 A 列中找到 0.525，然后返回同一行中 B 列的值 3.25，所以选 B。

使用近似匹配搜索 A 列中的值 0.5，在 A 列中找到小于等于 0.5 的最大值 0.457，然后返回同一行中 B 列的值 3.55，所以选 C。

使用近似匹配搜索 A 列中的值 0.4，因为 0.4 小于 A 列中的最小值，函数返回错误值♯N/A，所以选 D。

(2) 在 F3 单元格中输入公式"=VLOOKUP(E3，A2：C11，3，false)"，在 E3 单元格中输入 0.525，则 F3 单元格的运行结果为（　　）；在 E3 单元格中输入 0.5，则 F3 单元格的运行结果为（　　）。

A．300　　　　　　　　　　　　B．400

C．500　　　　　　　　　　　　D．♯N/A

【答案】　BD

【解析】　使用精确匹配搜索 A 列中的值 0.525，在 A 列中找到 0.525，然后返回同一行中 C 列的值 400，所以选 B。

使用精确匹配搜索 A 列中的值 0.5，因为 A 列中没有精确匹配的值，返回错误值♯N/A，所以选 D。

3. 设置会计凭证表中自动显示科目名称的公式

H3 单元格的公式为"=IF(G3="""""，VLOOKUP(G3，会计科目表!＄A＄2：＄B ＄97，2，0))"

若先输入科目名称(即先输入 H 列中的内容)，希望通过科目名称自动显示科目编号，则 G3 单元格的公式为"=IF(H3="""""，VLOOKUP(H3，会计科目表!＄B＄2：＄C ＄97，2，0))"(此时，会计科目表中，B 列存放科目名称，C 列存放科目编号)，采用自动填充的方式设置 G 列的其他单元格公式。

【例题 6·多项选择题】　设置会计凭证表中自动显示科目名称的公式时，打开 VLOOKUP 函数选项板，在 VLOOKUP 函数 lookup_value 自变量位置单击 G3 单元格，将光标移至 table_array 自变量位置，单击"会计科目表"工作表标签，选择 A2：B76 单元格,可以用来将选择的范围改为绝对引用的方法有(　　)。

A. 在行号、列标前分别加上 &
B. 选中 A2:B97,按 F4 功能键
C. 在行号、列标前分别加上 $
D. 选中 A2:B97,按 F5 功能键

【答案】　BC

【解析】　同一个工作簿中默认的引用类型为相对引用(不论是引用同一个工作表还是不同工作表),将相对引用改为绝对引用,可以采用在行号、列标前分别加上绝对引用符($),或按一次 F4 功能键。

三、科目汇总表

1. 科目汇总表的作用

(1) 将一定期间发生的经济业务分门别类进行汇总。

(2) 可以为编制总分类账提供数据,也可以为编制会计报表提供数据。

2. 建立科目汇总表

(1) 工具:数据透视表;数据源:会计凭证表。

(2) 建立科目汇总表时,数据透视表的四个区域存放的字段名称如下。

筛选器区域:年,月;行区域:科目编号,科目名称;值区域:借方金额,贷方金额。

3. 更新科目汇总表

(1) 选择"数据透视表工具"|"数据透视表分析"|"数据"|"刷新"命令,使科目汇总表中的数据能够随着会计凭证表数据的更新而更新。这种方法适用于会计凭证表中原数据发生变动或在原范围的中间插入新的经济业务的情况。

(2) 在选择建立科目汇总表的数据源区域时,尽可能将数据来源范围扩大(若科目汇总表已建立,可通过"数据透视表工具"|"数据透视表分析"|"数据"|"更改数据源"的方式扩大数据源范围)。这种方法适用于在会计凭证表的最后添加新业务的情况。

【例题 7·多项选择题】　在 Excel 会计核算中,以下表格的编制需要链接科目汇总表的有(　　)。

A. 会计凭证表
B. 总分类账
C. 资产负债表
D. 利润表

【答案】　BD

【解析】　科目汇总表可以为编制总分类账中的本期发生额提供数据,也可以为编制利润表的本月数提供数据。

【例题 8·判断题】　在 Excel 会计核算中,若在会计凭证表的最后添加新业务,则在科目汇总表中执行"数据透视表工具"|"数据透视表分析"|"数据"|"刷新"命令,新的业

务就会被添加到科目汇总表中。 （ ）

【答案】 ×

【解析】 在会计凭证表的最后添加新业务时,需通过"数据透视表工具"|"数据透视表分析"|"数据"|"更改数据源"的方式扩大数据源范围,才能将原数据范围外的新业务添加到科目汇总表中。

四、编制总分类账

1. 期初余额的填列

总分类账的期初余额是从上一期总分类账的期末余额链接过来的。

2. 本期发生额的填列

总分类账的本期发生额是从本期科目汇总表中链接过来的。

本期借方发生额:

=IFNA(VLOOKUP(查找会计科目单元格的名称,科目汇总表!＄B＄4:＄D＄30,2,0),0)

本期贷方发生额:

=IFNA(VLOOKUP(查找会计科目单元格的名称,科目汇总表!＄B＄4:＄D＄30,3,0),0)

3. 期末余额的填列

资产/成本类账户期末余额＝期初余额＋本期借方发生额－本期贷方发生额,资产类备抵账户/负债/所有者权益类账户期末余额＝期初余额＋本期贷方发生额－本期借方发生额,损益类账户无余额。

【例题 9 · 单项选择题】 在工作表某个单元格中输入公式"＝IFNA(VLOOKUP(1.5,{1, 2, 3；4, 5, 6},2, 0),0)",则运行结果为( )。

A. TRUE B. FALSE

C. ♯N/A D. 0

【答案】 B

【解析】 如果第一个参数的结果为♯N/A,则 IFNA 函数返回第二个参数的值,否则返回第一个参数的结果。由于 VLOOKUP(1.5,{1, 2, 3；4, 5, 6},2, 0)运行结果为♯N/A,则整个公式最终返回 0。

【例题 10 · 多项选择题】 在 Excel 会计核算中,关于总分类账期末余额的公式,说法正确的有( )。

A. 资产类科目期末余额＝期初余额＋本期借方发生额－本期贷方发生额

B. 负债类科目期末余额＝期初余额＋本期贷方发生额－本期借方发生额

C. 所有者权益类科目期末余额＝期初余额＋本期贷方发生额－本期借方发生额

D. 资产类备抵科目期末余额＝期初余额＋本期贷方发生额－本期借方发生额

E. 损益类科目期末余额＝期初余额＋本期借方发生额－本期贷方发生额

【答案】　ABCD

【解析】　损益类科目期末无余额,不必设置公式。

 思考与练习

一、单项选择题

1. 在 Excel 某单元格中,输入公式"＝IF(1<>2,1,2)",则运行结果为(　　)。

A. 1 　　　　　　　　　　　B. 2

C. TRUE 　　　　　　　　　D. FALSE

2. 在 Excel 某单元格中,输入公式"＝VLOOKUP(1.5,{1,2,3;4,5,6},2,1)",则运行结果为(　　)。

A. 2 　　　　　　　　　　　B. 3

C. 5 　　　　　　　　　　　D. N/A

3. 在 Excel 某单元格中,输入公式"＝VLOOKUP(1.5,{1,2,3;4,5,6},2,0)",则运行结果为(　　)。

A. 2 　　　　　　　　　　　B. 3

C. 5 　　　　　　　　　　　D. ＃N/A

4. 使用"记录单"新建记录时,从上一字段移到下一字段,可按(　　)键。

A. Enter 　　　　　　　　　B. Tab

C. Ctrl 　　　　　　　　　　D. Alt

5. 设置会计凭证表格式时,应将借方金额、贷方金额列的数字格式设置为(　　)。

A. 数值 　　　　　　　　　　B. 文本

C. 会计专用 　　　　　　　　D. 日期

6. 使用 Excel 进行会计核算中,资产负债表期末数主要是根据(　　)建立起数据间的链接完成编制的。

A. 总分类账 　　　　　　　　B. 科目汇总表

C. 会计凭证表 　　　　　　　D. 利润表

7. 使用 Excel 进行会计核算中,总分类账中本期发生额的数据直接来自( )中的数据。

A. 会计凭证表   B. 科目汇总表

C. 上期总分类账   D. 资产负债表

8. 在工作表 Sheet1 中,若在单元格 A1 中输入公式"= IFNA(VLOOKUP(1.5,{1, 2, 3; 4, 5, 6},3,0),0)",则运行结果为( )。

A. TRUE   B. FALSE   C. ♯N/A   D. 0

9. 更新科目汇总表时,通过"数据透视表工具"|"分析"|"更改数据源"的方式扩大数据源范围的方法适用于( )的情形。

A. 会计凭证表中原数据发生变动

B. 在会计凭证表原范围的中间插入新的经济业务

C. 在会计凭证表的最后添加新业务

D. 以上说法都不对

二、多项选择题

1. 会计凭证按其填制程序和用途的不同,可以分为( )。

A. 原始凭证   B. 外来凭证

C. 自制凭证   D. 记账凭证

2. 使用 Excel 进行会计核算中,在编制会计凭证表时,可以利用( )方式,将"年、月、日、序号"合并生成凭证的编号。

A. SUM()   B. CONCATENATE()

C. ＋   D. &

3. 以下各项中,最多可设置 255 个参数的函数有( )。

A. SUM()   B. CONCATENATE()

C. MAX()   D. AVERAGE()

4. 设计会计凭证表表头时,应设置的字段名称有( )。

A. 年、月、日、序号   B. 借方金额、贷方金额

C. 凭证编号、摘要   D. 科目编号、科目名称、明细科目

5. 在输入会计凭证时,输入经济业务应遵循的规则有( )。

A. 有借必有贷、借贷必相等   B. 先借后贷

C. 逐日逐笔登记   D. 序时登记

6. 关于总分类账的期末余额,说法正确的有( )。

A. 资产类科目期末余额在借方　　　B. 负债类科目的期末余额在贷方

C. 所有者权益类科目的期末余额在贷方 D. 损益类科目的期末余额在借方

7. 使用 Excel 进行会计核算中,利润表中本期发生额可根据(　　)建立起数据间的链接完成编制的。

A. 科目汇总表　　　　　　　　　B. 会计凭证表

C. 总分类账期末余额　　　　　　D. 总分类账本期发生额

8. 使用较普遍的利润表格式有(　　)。

A. 多步式　　　　　　　　　　　B. 单步式

C. 账户式　　　　　　　　　　　D. 报告式

9. 选择"数据透视表工具"|"分析"|"刷新"命令,使科目汇总表中的数据能够随着会计凭证表数据的更新而更新,这种方法适用的情形包括(　　)。

A. 会计凭证表中原数据发生变动

B. 在会计凭证表原范围的中间插入新的经济业务

C. 在会计凭证表的最后添加新业务

D. 以上说法都对

三、判断题

1. 在 A1 单元格中输入 1,B1 单元格中设置公式"＝IF(A1＞＝2,"A","B")",则 B1 单元格的返回值为"A"。　　　　　　　　　　　　　　　　　　　(　　)

2. 如果 range_lookup 为 FALSE,则 table_array 的第一列中的数值必须按升序排列,否则,函数 VLOOKUP 不能返回正确的数值。　　　　　　　　(　　)

3. 会计人员在用会计凭证记录经济业务时,要对每笔经济业务进行编号,以便查找和日后的核对。用 Excel 进行会计凭证编制时,可将"年、月、日、序号"合并生成凭证编号。　　　　　　　　　　　　　　　　　　　　　　　　(　　)

4. 采用输入英文状态下的单引号(')可将单元格格式设置为文本。　(　　)

5. 在会计凭证表中输入经济业务时,为了节约时间,可以利用 IF 函数和 VLOOKUP 函数,根据科目代码自动显示科目名称。　　　　　　　(　　)

6. 如果函数 VLOOKUP 找不到 lookup_value 且 range_lookup 为 TRUE,函数 VLOOKUP 返回错误值♯N/A。　　　　　　　　　　　　　(　　)

7. 若利用数据透视表创建的科目汇总表后,会计凭证表中数据发生变化,可以直接在科目汇总表的数值区域中进行修改。　　　　　　　　　　　(　　)

8. 总分类账中的期末余额是通过公式"期末余额＝期初余额＋/－本期发生额"计算

得到的。 （　　）

9. 编制本期资产负债表(月报)时,若没给出上一期的资产负债表,可根据本期总分类账中的期初余额填制本期资产负债表中的期初数。 （　　）

10. 国际上流行的资产负债表的格式通常有账户式和报告式两种。在我国的会计实务中多采用账户式资产负债表。 （　　）

四、上机操作题

1. 图 3-2 是一份学生的语文成绩。

	A	B	C	D	E	F
1	姓名	语文	语文及格性判断		语文等级判断	
2			法一	法二	法一	法二
3	张三	75				
4	李四	45				
5	王五	86				
6	赵六	95				
7	田七	58				
8	唐八	80				
9	孙九	92				

图 3-2　语文成绩

要求:根据题意完成以下操作。

(1) 若语文成绩>=60,则及格;语文成绩<60,则不及格。使用 IF 函数设置公式完成学生语文成绩及格性的判断(须采用两种方法)。

(2) 若语文成绩<60,则不及格;60=<语文成绩<80,则中等;80=<语文成绩<90,则良好;90=<语文成绩,则优秀。使用 IF 函数设置公式完成学生语文成绩等级的判断(须采用两种方法)。

2. 图 3-3 是一份个人所得税计算表。

	A	B	C	D	E	F
1	个人所得税计算表					
2	姓名	应发工资	应纳税所得额	税率	速算扣除数	应纳税额
3	李飞	7300				
4	白雪	6318				
5	李正	6170				
6	张力	6950				
7	王沙	5720				
8	孔丽	5450				
9	赵阳	2010				
10	齐磊	4400				
11	牛玲	6300				

图 3-3　个人所得税计算表

要求:根据题意完成以下操作。

(1) 在图 3-3 的空白处设置税率表。

(2) 使用 IF 函数和 VLOOKUP 函数完成图 3-3 的操作。

3. 华夏公司为增值税一般纳税人,增值税税率为 13%,所得税税率为 25%,材料核算采用先进先出法。原材料月初库存量为 500 吨,单位成本为 1 100 元。该公司 2022 年 12 月份的具体业务如下:

(1) 12 月 1 日,收到银行通知,用工行存款支付到期的商业承兑汇票 100 000 元。

(2) 12 月 2 日,购入原材料 160 吨,用工行存款支付货款 160 000 元,以及购入材料支付的增值税额 20 800 元,款项已付,材料未到。

(3) 12 月 3 日,收到原材料一批,数量 110 吨,材料成本 110 000 元,材料已验收入库,货款已于上月支付。

(4) 12 月 4 日,用银行汇票支付采购材料价款,公司收到开户银行转来的银行汇票金额多余收账通知,通知上写的多余款 226 元,材料 100 吨,购入材料 99 800 元,支付的增值税额 12 974 元,原材料已验收入库。

(5) 12 月 5 日,基本生产领用原材料 600 吨。

(6) 12 月 6 日,向龙华公司销售产品一批,销售价款 300 000 元(不含应收取的增值税),该批产品实际成本 180 000 元(月末结转),产品已发出,价款未收到。

(7) 12 月 7 日,公司将交易性金融资产(全部为股票投资)25 000 元兑现,收到本金 25 000 元,投资收益 5 000 元,均存入工行。

(8) 12 月 8 日,购入不需安装设备 1 台,价款 85 470 元,支付增值税额 11 241.1 元,支付包装费、运费 1 000 元。价款及包装费、运费均以建行存款支付。设备已交付使用。

(9) 12 月 9 日,一项工程完工,交付生产使用,已办理竣工手续,固定资产价值 1 400 000 元。

(10) 12 月 10 日,基本生产车间 1 台机床报废,原价 200 000 元,已计提折旧 180 000 元,清理费用 500 元,残值收入 1 800 元,均通过工行存款收支。该项固定资产清理完毕。

(11) 12 月 11 日,归还短期借款本金 150 000 元,当月利息 2 500 元,由工行存款支付。

(12) 12 月 12 日,到工行提取现金 500 000 元,准备发放工资。

(13) 12 月 13 日,支付工资 500 000 元。

(14) 12 月 14 日,分配应支付的职工工资 300 000 元,其中生产人员工资 275 000 元,车间管理人员工资 10 000 元;行政管理部门人员工资 15 000 元。

(15) 12 月 14 日,提取职工福利费 42 000 元,其中生产工人福利费 38 500 元,车间管理人员福利费 1 400 元,行政管理部门福利费 2 100 元。

(16) 12 月 15 日,提取应计入本期损益的借款利息共 21 500 元,其中,短期借款利息 11 500 元;长期借款利息共 10 000 元。

(17) 12 月 16 日,销售产品一批,销售价款 700 000 元,应收的增值税额 91 000 元,销售产品的实际成本 420 000 元(月末结转),货款工行已收妥。

(18) 12 月 17 日,摊销无形资产 10 000 元。

(19) 12 月 18 日,计提固定资产折旧 100 000 元,其中计入制造费用 80 000 元;管理费用 20 000 元。

(20) 12 月 19 日,收到龙华公司应收账款 151 000 元,存入工行,并计提坏账准备 600 元。

(21) 12 月 20 日,用工行存款支付产品展览费 10 000 元。

(22) 12 月 30 日,用工行存款支付本月广告费 10 000 元。

(23) 12 月 31 日,将制造费用结转记入"生产成本"科目。

(24) 12 月 31 日,计算并结转本期完工产品成本 1 104 900 元。

(25) 12 月 31 日,公司本期产品销售应缴纳的教育费附加为 2 000 元。

(26) 12 月 31 日,用工行存款缴纳增值税 100 000 元;教育费附加 2 000 元。

(27) 12 月 31 日,结转本期产品销售成本 600 000 元。

(28) 12 月 31 日,将各损益类科目结转记入"本年利润"科目。

(29) 12 月 31 日,计算并结转应交所得税(不考虑纳税调整事宜,税率为 25%)。

(30) 12 月 31 日,按净利润的 10% 计提法定盈余公积金。

(31) 12 月 31 日,将本年净利润转入"利润分配"科目。

要求:根据题意完成以下操作。

(1) 根据给定的会计科目表,设计华夏公司的会计凭证表模板。

(2) 输入上述经济业务。

(3) 建立科目汇总表。

(4) 完成总分类账本期发生额及期末余额的填列(总分类账表格及期初余额已给定)。

(5) 完成资产负债表期末数的填列(资产负债表格式已给定)。

(6) 完成利润表本期金额的填列(利润表格式已给定)。

第四章　Excel 在工资管理中的应用

重点、难点讲解及典型例题

一、数据有效性验证

1. 数据有效性验证方法

（1）将光标移到需要进行数据验证的单元格，选择"数据"|"数据工具"|"数据验证"命令。

（2）选择需要设置的有效性条件，并可以依据需求设置"出错警告"提示。

注意：在 Excel2019 中此命令为"数据验证"，在 Excel2007 及以下版本中命令名称为"数据有效性"。

2. 数据有效性验证适用

在工资核算中，可能需要用到数据验证的项目有"身份证号""部门""性别""员工类别"等。有的需要进行"文本长度"验证，有的需要进行"序列"验证。

二、工资项目的设置

1. ROUND 函数

ROUND 函数为数学和三角函数，功能是返回某个数字按指定位数四舍五入取整后的数字。其语法 ROUND(number,num_digits)，number 是需要进行四舍五入的数字，num_digits 是指定的位数，按此位数进行四舍五入。

指定位数分三种情况：

（1）如果 num_digits 大于 0，则四舍五入到指定的小数位。

（2）如果 num_digits 等于 0，则四舍五入到最接近的整数。

（3）如果 num_digits 小于 0，则在小数点左侧进行四舍五入。

【例题 1·单项选择题】 公式"＝ROUND(25.348，2)"的操作结果为（ ）。

A. 25　　　　　B. 25.34　　　　　C. 25.3　　　　　D. 25.35

【答案】 D

【解析】 取到数据"25.348"小数点后第"2"位数字，并进行四舍五入。

2. 工资核算中个人所得税的计算

工资、薪金所得，是指个人因任职或者受雇而取得的工资、薪金、奖金、年终加薪、劳动分红、津贴以及与任职或者受雇有关的其他所得。在缴纳工资、薪金个人所得税时，单位代个人缴付需个人承担的基本养老保险费、基本医疗保险费、失业保险费、住房公积金等，从纳税人的应纳税所得额中扣除。

我国现行的工资薪金个人所得税免征额为 5 000 元，实行 7 级累进税率。按现行的个人所得税，如进行手工计算过程较复杂，不仅费时费力，也不能保证正确性。如果利用 Excel 工作表设计公式，问题可以迎刃而解。教材中介绍了用 MAX 函数计算个税，并用 ROUND 函数进行四舍五入，同时补充了 IF、IFS、VLOOKUP、LOOKUP 等多种操作方法。

【例题 2·多项选择题】　使用 Excel 进行工资管理，在设置代扣个人所得税项目时，可以利用（　　）函数，自动计算个人所得税。

A. MAX（） 　　　　　　　　　B. VLOOKUP（）

C. CONCATENATE（） 　　　　D. IF（）

【答案】　ABD

【解析】　教材介绍了 MAX 函数，另外，根据税率表，当应发工资额不超过 5 000 元时，不需要缴纳个税，否则，当"应发工资额－5 000"不超过 3 000 元时，个税为应纳税额即"（应发工资额－5 000）＊0.03"，以此类推，故也可以用 IF 条件函数。另外，也可以用 VLOOKUP 函数设置公式自动计算。

三、工资数据的查询与汇总分析

在已经建立的工资表中，我们可通过筛选功能对工资数据进行查询。使用数据菜单下的筛选功能，在对应的下拉列表中选择要筛选的项目或者输入筛选条件，则显示满足查询条件的记录，其他记录将被隐藏。如是针对员工个人工资情况的查询，可采用 VLOOKUP 函数来实现。

对工资数据进行统计分析也是工资核算中的一部分，通过对工资数据的汇总分析，可以使会计人员更加全面、直观地掌握本单位职工的工资结构。一般采用数据透视表的方式对工资进行数据汇总分析。

数据透视表是一种对数据快速汇总和建立交叉列表的交互式表格。它可以显示不同页面的筛选数据，能够迅速地从数据源中提取并计算所需要的信息。

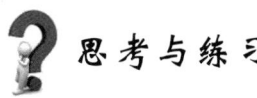 **思考与练习**

一、单项选择题

1. 利用 Excel 表格进行"身份证号"项目信息的数据验证时，应验证的有效性条件是

"允许"( )满足一定条件。

  A. 序列   B. 文本长度

  C. 整数   D. 日期

2. 利用 Excel 表格进行"性别"项目信息的数据验证时,应验证的有效性条件是"允许"( )满足一定条件。

  A. 序列   B. 文本长度

  C. 整数   D. 日期

3. 在 Excel2019 某单元格中,输入公式"=ROUND(2.5,0)",则运行结果为( )。

  A. 3   B. 2

  C. TRUE   D. FALSE

4. 查询工资数据时,通常常用的函数是( )。

  A. VLOOKUP   B. SUM

  C. MAX   D. ROUND

二、多项选择题

1. 以下各项中,可以设置为工资表的工资项目的有( )。

  A. 应发工资   B. 实发工资

  C. 代扣个人所得税   D. 代扣养老保险

2. 数据验证的有效性条件可以设置"允许"为( )。

  A. 序列   B. 排序

  C. 文本长度   D. 日期

3. 以下"ROUND"公式设置结果返回为 2.45 的有( )。

  A. "=ROUND(2.455,2)"   B. "=ROUND(2.453,-1)"

  C. "=ROUND(2.453,2)"   D. "=ROUND(2.445,2)"

4. 在用 Excel 对工资数据进行分类汇总时,最直接有效的功能有( )。

  A. 数据透视表   B. 数据透视图

  C. 数据验证   D. 数据筛选

三、上机操作题

1. 根据题意完成以下操作:

(1) 新建 Excel 工作簿,并将表格"sheet1"命名为"员工工资表"。

(2) 设置工资项目,基本信息如图 4-1 所示。

图 4-1 设置工资项目的基本信息

（3）请自行修饰工资表。

（4）将"身份证号"设置数据验证。

（5）设置应发工资、个人所得税及实发工资三个项目公式,且所有数据四舍五入保留两位小数。

2. 某公司 1 月份工资表如图 4-2 所示。

	A	B	C	D	E	F	G	H
1	部门	编码	姓名	类别	应发工资	个人社保	个人所得税	实发工资
2	办公室	1001	许飞	管理人员	7 900.00	604.80	124.52	7 170.68
3	销售部	2001	游奇伟	销售人员	6 000.00	411.00	17.67	5 571.33
4	销售部	2002	刘卫	销售人员	6 500.00	462.00	31.14	6 006.86
5	销售部	2003	李婷	销售人员	6 800.00	492.60	39.22	6 268.18
6	仓管部	3001	赵敏	管理人员	4 100.00	217.20	0	3 882.80
7	仓管部	3002	王世杰	管理人员	4 400.00	247.80	0	4 152.20
8	生产车间	4001	廖汉文	车间管理	5 600.00	370.20	6.89	5 222.91
9	生产车间	4002	陈棋	基本生产	3 922.00	199.04	0	3 722.96
10	生产车间	4003	江斌	基本生产	4 078.00	214.96	0	3 863.04
11	生产车间	4004	吴桐	基本生产	3 948.00	201.70	0	3 746.30
12	合计				53 248.00	3 421.30	219.44	49 607.26

图 4-2 1 月份工资表

要求:根据题意完成以下操作。

（1）利用筛选功能筛选销售部员工工资数据。

（2）用 VLOOKUP 函数实现按照员工编码查询工资数据。

（3）按部门及员工类别汇总应发工资、个人社保、个人所得税及实发工资。

第五章　Excel 在固定资产管理中的应用

重点、难点讲解及典型例题

利用 Excel 中提供的函数可以自动生成固定资产折旧金额。常用处理折旧的函数有 5 个,分别是 SLN 函数、SYD 函数、DB 函数、DDB 函数和 VDB 函数。

1. SLN 函数

SLN 函数返回指定固定资产使用"直线折旧法"计算出的每期折旧金额。其语法为 SLN(cost, salvage, life)。

(1) 以上各参数必须为正数。

(2) SLN()可对应年限平均法,也可对应工作量法。

(3) 在年限平均法中,life 单位可以为年、月。当单位为年时,表示计提年折旧额;当单位为月时,表示计提月折旧额。

2. SYD 函数

SYD 函数返回指定固定资产在某段日期内按年数总和法计算出的每期折旧金额。其语法为 SYD(cost, salvage, life, period)。

(1) 以上各参数必须为正数。

(2) life 必须大于或等于 period。

(3) life 与 period 单位必须一致。

3. DB 函数

DB 函数返回利用固定余额递减法计算在一定日期内资产的折旧值。其语法为 DB(cost, salvage, life, period, month)。

4. DDB 函数

DDB 函数返回指定固定资产在指定日期内按加倍余额递减法或其他指定方法计算所得的折旧值。其语法为 DDB(cost, salvage, life, period, factor)。

(1) 以上各参数必须为正数。

(2) life 必须大于或等于 period。

(3) life 与 period 单位必须一致。

(4) 该函数可以用于多倍余额递减法。

5. VDB 函数

VDB 函数返回指定固定资产在某一时段间的折旧数总额,是使用倍率递减法计算的。其语法为 VDB(cost, salvage, life, start-period, end-period, factor, no-switch)。

（1）start-period、end-period 与 period 单位必须一致。

（2）VDB 函数既可以计算年折旧额，也可以计算累计折旧额。当用 VDB 函数计算累计折旧额时，start-period 均设置为 0，而 end-period 设置为累计的期数。

【例题·单项选择题】 Excel 提供的计提折旧的函数是（　　）。

A. SLN 函数 　　　　　　　　　B. AVERAGE 函数

C. LOOKUP 函数 　　　　　　　D. COUNT 函数

【答案】 A

【解析】 AVERAGE 函数返回参数的平均值；LOOKUP 函数返回从单行或单列或从数组中查找的一个值；COUNT 函数返回包含数字的单元格的个数以及返回参数列表中的数字个数；SLN 函数返回指定固定资产使用"直线折旧法"计算出的每期折旧金额。

 思考与练习

一、单项选择题

1. 年数总和法计算固定资产折旧使用财务函数（　　）。

A. DDB 函数 　　　B. SLN 函数 　　　C. SYD 函数 　　　D. IF 函数

2. SYD 函数的语法 SYD(cost，salvage，life，period)中 cost 参数的含义是（　　）。

A. 固定资产的购置成本 　　　　　B. 固定资产的残值

C. 固定资产的使用年限 　　　　　D. 需要计算的某段时期

3. VDB 函数中的 start-period 参数的作用是（　　）。

A. 用来指定折旧数额的计算是要算到第几期为止

B. 用来指定折旧数额的计算是从第几期开始

C. 指固定资产的使用年限

D. 上述选项均不正确

4. 下列有关 DDB 函数说法错误的是（　　）。

A. 各参数必须为正数 　　　　　　B. life 可以小于 period

C. life 与 period 单位必须一致 　　D. 该函数可以用于多倍余额递减法

5. 以下关于 VDB 函数的语法正确的是（　　）。

A. VDB(cost，salvage，life，period，factor)

B. VDB(cost，salvage，life，period，month)

C. VDB(cost，salvage，life，per)

D. VDB(cost，salvage，life，start-period，end-period，factor，no-switch)

二、判断题

1. 函数 IF()、DAY()、SYD()都是财务函数。 （　　）

2. VDB 函数既可以计算年折旧额，也可以计算累计折旧额。 （　　）

3. SYD 函数的各参数也可以为负数。 （　　）

4. DDB 函数中的参数 life 与 period 单位可以一致，也可以不一致。 （　　）

5. SLN()可对应年限平均法，也可对应工作量法。 （　　）

三、简答题

固定资产的折旧方法有哪几种？它们有什么本质区别呢？

四、上机操作题

1. A 公司一台设备的原始价值为 80 000 元，预计使用年限为 10 年，预计净残值为 10 000 元。

要求：分别采用直线法和年数总和法计算每年折旧额和剩余价值。

2. 根据图 5-1 的资料，按照"固定资产类别"和"使用部门"对"购置成本"进行汇总分析。

	A	B	C	D	E	F	G	H
1	分类账编号	固定资产编号	固定资产名称	规格型号	使用部门	使用状态	资产变动情况	购置成本
2	000021	035701	货运卡车	一汽	运输部门	在用	购入	240000
3	000022	035702	货运卡车	一汽	运输部门	在用	购入	240000
4	000023	035703	货运卡车	一汽	运输部门	在用	部门调拨	227800
5	000051	046201	笔记本电脑	DELL	计划处	在用	购入	16000
6	000052	046202	笔记本电脑	DELL	计划处	在用	购入	16000
7	000053	046203	笔记本电脑	DELL	生产车间	在用	购入	16000
8	000054	046204	笔记本电脑	DELL	生产车间	在用	购入	16000
9	000055	046205	笔记本电脑	DELL	装配车间	在用	购入	16000
10	000056	046206	笔记本电脑	DELL	运输部门	在用	购入	16000
11	000001	040917	厂房	砖混结构	生产车间	在用	自建	6000000
12	000026	054213	包装机器	X-II	装配车间	在用	购入	36800
13	000021	035701	货运卡车	一汽	运输部门	在用	购入	240000
14	000022	035702	货运卡车	一汽	运输部门	在用	购入	240000
15	000023	035703	货运卡车	一汽	运输部门	在用	部门调拨	227800
16	000034	035704	货运卡车	一汽	运输部门	在用	购入	220000
17	000051	046201	笔记本电脑	DELL	计划处	在用	购入	16000
18	000052	046202	笔记本电脑	DELL	计划处	在用	购入	16000
19	000053	046203	笔记本电脑	DELL	生产车间	在用	购入	16000
20	000054	046204	笔记本电脑	DELL	生产车间	停用	报废	16000
21	000055	046205	笔记本电脑	DELL	装配车间	在用	购入	16000
22	000056	046206	笔记本电脑	DELL	运输部门	在用	购入	16000
23	000041	037201	车床		生产车间	在用	购入	475000
24	000042	037202	车床		生产车间	在用	购入	310000

图 5-1　对"购置成本"汇总分析

第六章　Excel 在货币时间价值中的应用

重点、难点讲解及典型例题

一、货币时间价值

货币时间价值是指货币经历一定时间的投资和再投资所增加的价值。货币时间价值有两种表示形式：一种是绝对数形式，即货币时间价值额；另一种是相对数形式，即货币时间价值率。进行货币时间价值计算时，利息的计算有两种计算方法：单利和复利。

年金是指等额、定期的现金流入或现金流出。年金按其每次收付款项发生的时点不同，可以分为普通年金、先付年金、递延年金、永续年金等类型。

二、货币时间价值指标的计算

1. FV 函数

FV 函数基于固定利率及等额分期付款方式或一次性付款方式，返回某项投资的未来值。

（1）应确认所指定的 rate 和 nper 单位的一致性。例如，同样是 4 年期年利率为 12％ 的贷款，如果按月支付，rate 应 12％/12，nper 应为 4＊12；如果按年支付，rate 应为 12％，nper 为 4。

（2）如果忽略 pmt，则必须包括 pv 参数；反之，如果省略 pv，则假设其值为 0，并且必须包括 pmt 参数。也就是说 FV 函数中必须包含 pmt 参数或 pv 参数。

（3）FV 函数认定年金 pmt 和现值 pv 现金流量的方向与计算出的终值现金流量的方向是相反的，为了使计算出的终值能显示为正数，应在输入 pmt 或 pv 参数时添加上负号。

（4）如果省略 type，则默认其值为 0。

（5）FV 函数可以用于计算复利终值、年金终值或两者的合计数。

【例题 1·多项选择题】 FV 函数可用于计算（　　）。

A. 年金终值 B. 单利终值

C. 复利终值 D. 年金终值和复利终值的合计数

【答案】 ACD

【解析】 Excel2019 中，FV 函数可以用于计算复利终值、年金终值或两者的合计数。

【例题 2·单项选择题】　某企业现在存入银行 10 000 元,假定年利息率为 12%,每年复利两次,用 Excel 列表(图 6-1)求解第 5 年年末的本利和,在 D2 单元格输入公式(　　)。

	A	B	C	D
1	已知条件		计算结果区域	
2	本金（元）	10 000	复利终值	
3	年利率	12%		
4	期限（年）	5		

图 6-1　数据资料

A. "＝FV(B3,B4,,－B2)"

B. "＝FV(B3/2,B4 * 2,,－B2)"

C. "＝FV(B3/2,B4 * 2,－B2)"

D. "＝FV(B3,B4,－B2)"

【答案】　B

【解析】　Excel2019 中,FV 函数应:

(1) 确认所指定的 rate 和 nper 单位的一致性。一年复利两次,则利率应为年利率/2,期数为期限 * 2。

(2) 如果忽略 pmt,则必须包括 pv 参数;反之,如果省略 pv,则假设其值为 0,并且必须包括 pmt 参数。也就是说 FV 函数中必须包含 pmt 参数或 pv 参数。

2. PV 函数

PV 函数基于固定利率及等额分期付款方式或一次性付款方式,返回某项投资的现值。

PV 函数与 FV 函数一样,在认定年金 pmt 和终值 fv 现金流量的方向与计算出的现值现金流量方向相反,即如果年金 pmt 和终值 fv 是付款,计算出的现值则为收款;反之,如果年金 pmt 和终值 fv 是收款,计算出的现值则为付款。因此,当 pmt 和 fv 参数都以正数存放在工作表的单元格中时,为了使计算出的现值能显示为正数,应在输入 pmt 和 fv 参数时加上负号。

【例题 3·判断题】　PV 函数认定年金 pmt 和终值 fv 现金流量的方向与计算出的现值现金流量的方向是相反的。为了使计算出现值能显示为正数,应在输入 pmt 和 fv 参数时添加上负号。

（　　）

【答案】　√

【解析】　当 pmt 和 fv 参数都以正数存放在工作表的单元格中时,为了使计算出的现值能显示为正数,应在输入 pmt 和 fv 参数时加上负号。

【例题 4·综合题】 假定有一项保险,购买成本为 20 000 元,投保后可以每年年末从保险公司领取 1 600 元,连续领取 20 年,投资回报率为 5%,判断是否应该购买此项保险。在 Excel 中建立的模型如图 6-2 所示。

	A	B	C	D	E
1	已知条件			计算结果	
2	年金(元)	1 600		年金现值	
3	期限(年)	20			
4	年利率	5%			

图 6-2　在 Excel 中建立的模型

根据题意,回答以下问题:

(1) PV 函数的功能是(　　　)。

A. 基于固定利率及等额分期付款方式,返回某项投资的未来值

B. 基于固定利率及等额分期付款方式,返回某项投资的现值

C. 基于固定利率及等额分期付款方式,返回贷款的每期付款额

D. 基于固定利率及等额分期付款方式,返回某项投资的总期数

【答案】 B

【解析】 PV 函数基于固定利率及等额分期付款方式或一次性付款方式,返回某项投资的现值。

(2) 计算年金现值,在 E2 单元格,输入公式(　　　)。

A. "=PV(B4,B3,,−B2,1)"

B. "=PV(B4/2,B3,,−B2,1)"

C. "=PV(B4,B3,−B2,,0)"

D. "=PV(B4,B3,−B2)"

【答案】 CD

【解析】 若忽略 pv 参数或者 pmt 参数时,在输入 PV 函数时,应保证参数位置的正确性,若 type 为 0,可省略。所以计算普通年金终值公式可输入"=PV(B3,B4,−B2,,0)"或"=PV(B3,B4,−B2)"。

(3) 若是在每年年初取得 1 600 元,在单元格 E2 计算先付年金现值的表达式为(　　　)。

A. "=PV(B4,B3,,−B2,1)"

B. "=PV(B4,B3,,−B2,0)"

C. "=PV(B4,B3,−B2,,1)"

D. "＝PV(B4,B3,－B2,1)"

【答案】 C

【解析】 若忽略 pv 参数或者 pmt 参数时,在输入 PV 函数时,应保证参数位置的正确性,若 type 为 1,则不可省略。所以计算先付年金终值,输入公式为"＝PV(B4,B3,－B2,,1)"。

3. PMT 函数

PMT 函数基于固定利率及等额分期付款方式,返回贷款的每期付款额。

(1) 如果忽略 fv,则必须包括 pv 参数;反之,如果省略 pv,则假设其值为 0,并且必须包括 fv 参数。也就是说 PMT 函数中必须包含 fv 参数或 pv 参数。

(2) PMT 函数认定终值 fv 或现值 pv 现金流量的方向与计算出的年金现金流量的方向是相反的,为了使计算出的年金能显示为正数,应在输入 fv 或 pv 参数时添加上负号。

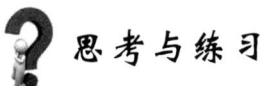

思考与练习

一、单项选择题

1. FV 函数是(　　　)函数。

　　A. 财务　　　　　　　　　　B. 查找与引用

　　C. 逻辑　　　　　　　　　　D. 文本

2. PV 函数不可用于计算(　　　)。

　　A. 年金现值　　　　　　　　B. 复利现值

　　C. 单利现值　　　　　　　　D. 先付年金现值

3. 下面关于 PV(rate,nper,pmt,fv,type)函数,说法错误的是(　　　)。

　　A. PV 函数用于返回投资现值

　　B. 在 PV 函数中,参数 rate、nper 和 pmt 为必须设置项;参数 fv 和 type 为可选项,若忽略,其值默认为 0

　　C. 在 PV 函数中,pmt 参数为各期应支付的金额,包括本金、利息和税款

　　D. 在 PV 函数中,也可以忽略 pmt 参数,但此时一定要设置 fv 参数;反之,忽略 fv 参数时一定要设置 pmt 参数

4. 小王为了 5 年后能够支付房子的首付款,现决定每年年末存入银行 50 000 元,连续存 5 年,若银行存款年利率为 8%,按复利计算,用 Excel 列表(图 6-3)求解 5 年后一次能取出本利和的数额为多少元,在单元格 D2 输入公式(　　　)。

	A	B	C	D
1	已知条件		计算结果区域	
2	年金（元）	50 000	复利终值	
3	年利率	8%		
4	期限（年）	5		

图 6-3　数据资料

A. "＝FV(B3,B4,－B2)" 　　　　B. "＝FV(B3,B4,－B2,,1)"

C. "＝FV(B3,B4,－B2,1)" 　　　　D. "＝FV(B3,B4,B2)"

二、判断题

1. FV 函数认定年金 pmt 和现值 pv 现金流量的方向与计算出的终值现金流量的方向是相反的。为了使计算出的终值能显示为正数，应在输入 pmt 和 pv 参数时添加上负号。　　　　　　　　　　　　　　　　　　　　　　　　　　　（　　）

2. PV 函数中，4 年期年利率为 12％的贷款，如果按月支付，rate 应为 12％/12，nper 应为 4 * 12；如果按年支付，rate 应为 12％，nper 为 4。　　　　　　　　（　　）

3. PV 函数可以用于计算复利终值、年金终值或两者的合计数。　　　　　（　　）

4. PMT 函数的语法为 PMT(rate,per,nper,pv,fv,type)。　　　　　　　　（　　）

三、上机操作题

1. 有一笔 3 年期分期付款购买设备的业务，每年年初支付 450 000 元，银行实际年利率为 6％，那么，该业务分期付款总额相当于现在一次支付多少元的价款？

2. 王女士打算从现在起每月初存入 1 500 元。假设按月利息 0.083％计算，那么，2 年后王女士的存款余额是多少？

3. 假设你打算购买一处房屋，开发商提出以下三种支付方案。

方案一：现在一次性支付 100 万元。

方案二：10 年后一次性支付 150 万元。

方案三：每年年末支付 12 万元，连续支付 10 年。

假设银行年利率为 5％，复利计息，则应选择哪一种支付方案。现利用 Excel 列表求解。

要求：根据题意，回答以下问题。

（1）请在以下给定的范围内，建立相应的模型，请写出操作步骤，并将建立的模型填列在图 6-4 中。

	A	B	C	D	E
1					
2					
3					
4					
5					
6					
7					
8					

图 6-4　Excel 表

(2) 根据你所设计的模型,写出计算方案二、方案三现值的表达式。

第七章　Excel 在证券投资中的应用

重点、难点讲解及典型例题

一、债券投资分析

（一）债券估价

1. 利用 PV 函数计算

债券价值是进行债券投资时投资者预期可获得的现金流入的现值。债券的现金流入主要包括利息和到期收回的本金或出售债券时获得的收入。其公式如下：

债券价值＝未来各期利息的现值合计＋到期本金或售价的现值

因此，债券价值是以市场利率为折现率，计算债券利息和持有至到期收回的本金（或售价）的现值之和，可以利用 PV 函数计算。但是注意，PV 函数只能计算每期支付等额利息，且支付间隔期一致的情况。

2. 利用 PRICE 函数计算

PRICE 函数用于计算面值为 100 元，且定期支付利息的有价证券的价格，当债券面值不是 100 元时，参数 redemption 的值需要换算，以得出正确结果。如果没有具体的发行日期和到期日，则 settlement 和 maturity 两个参数可以随意设定日期，只要其间隔年数等于债券期限的日期即可。

【例题 1·多项选择题】 以下函数可用于计算债券价格的有（　　　）。

A. PV 函数

B. PRICE 函数

C. PRICEDISC 函数

D. PRICEMAT 函数

【答案】 ABCD

【解析】 PRICEDISC 函数用于计算面值￥100 的折价发行的有价证券价格，PRICEMAT 函数计算面值￥100 的到期付息的有价证券价格。

（二）债券投资收益率

1. 利用 RATE 函数计算

债券投资收益率的基本模型是指按照复利方式计算每期的固定利息、到期一次归还本金的债券投资收益率计算模型。因此，债券投资收益率可视为已知债券价格、利息等现值,反求折现率,可以利用 RATE 函数计算。

2. 利用 YIELD 函数计算

YIELD 函数用于计算定期付息有价债券的收益率,pr 表示有价证券的价格(按面值为¥100 计算)因此,当债券面值不是 100 元时,需要换算。

【例题 2·单项选择题】　以下函数可用于计算面值¥100 的国库券的收益率的是(　　)。

A. YIELDDISC 函数　　　　　　B. TBILLYIELD 函数

C. INTRATE 函数　　　　　　　D. YIELD 函数

【答案】　B

【解析】　TBILLYIELD 函数用于计算面值¥100 的国库券的收益率,YIELDDISC 函数计算折价发行的有价证券的年收益率,INTRATE 函数计算一次性付息有价证券的年收益率。

二、股票投资分析

(一) 股票估价

1. 股利零增长

股利零增长时,股票现值的计算公式如下:

$$V_0 = \frac{D}{k}$$

其中:V_0 为股票的现值;D 为每期股利;k 为投资者要求的最低投资报酬率。

2. 股利固定增长

股利固定增长时,股票现值的计算公式如下:

$$V_0 = \frac{D_0(1+g)}{k-g} = \frac{D_1}{k-g}(k > g)$$

其中:D_0 为现在支付的股利;D_1 为第 1 年年末支付的股利;g 为预计的股利增长率;其他符号含义同上。

3. 股利分阶段增长

以两期增长为例,这类型股票的估价公式如下:

$$V_0 = \sum_{t=1}^{n} \frac{D_0(1+g_1)^t}{(1+k)^t} + \frac{D_n(1+g_2)}{k-g_2} \cdot \frac{1}{(1+k)^n}$$

其中：g_1 为前 n 期的股利增长率；g_2 为后期的固定的股利增长率；n 为超长增长的股利不稳定时期；其他符号含义同上。

4. 定期持有

定期持有时，股票现值的计算公式如下：

$$V_0 = \sum_{t=1}^{n} \frac{D_t}{(1+k)^t} + \frac{P_n}{(1+k)^n}$$

其中：D_t 为第 t 年年末支付的股利；P_n 为股票的售价；其他符号含义同上。

【例题 3·单项选择题】 已知 A 股票目前股利 2 元，预期股利增长率 5%，期望报酬率 8%，售价 28 元。如图 7-1 所示，则下列选项中属于 A 股票价值的计算公式的是（   ）。

	A	B
1	已知条件：	
2	A股票	
3	目前股利	2
4	预计股利增长率	5%
5	期望报酬率	8%
6	股票价格（元/股）	28
7		
8	计算结果：	
9		A股票
10	股票价值	

图 7-1　条件与"计算结果"

A. ＝B3/(B5－B4)　　　　　　B. ＝B3＊(1＋B4)/B5

C. ＝B3＊(1＋B4)/B4　　　　　D. ＝B3＊(1＋B4)/(B5－B4)

【答案】 D

【解析】 该股票为股利固定增长股。

（二）利用资本资产定价模型计算股票投资收益率

股票投资收益率的计算公式如下：

$$R_i = R_f + \beta_i \times (R_m - R_f)$$

其中：R_i 为某资产的必要收益率；β_i 为该资产的系统风险系数；R_f 为无风险收益率，通常以短期国债的利率来近似替代；R_m 为市场组合收益率，通常用股票价格指数收益率的平均值或所有股票的平均收益率来代替。

【例题 4·判断题】 假定 A 股票相关数据如图 7-2 所示,其 β 系数为 1.3,证券市场的平均收益率为 15％,无风险利率为 5％。则在 B7 单元格设置计算该股票投资收益率的公式,公式为＝B4＋(B3－B4)＊B5。　　　　　　　　　　　　　　　　　　　　　(　　)

	A	B
1	已知条件：	
2	A股票	
3	证券市场平均收益率	15%
4	无风险收益率	5%
5	β系数	1.3
6	计算结果：	
7	股票投资收益率	

图 7-2　相关数据

【答案】 √

【解析】 根据资本资产定价模型可知。

三、证券投资组合分析

1. 证券投资组合的收益

证券投资组合的收益等于投资组合中,个别证券的期望收益率按照各证券的投资比重作为权重系数所计算出的加权平均数,其计算公式为:

$$R_p = \sum_{i=1}^{n} w_i \cdot R_i$$

其中: R_p 为投资组合的期望收益率; R_i 为第 i 种证券的期望收益率; w_i 为第 i 种证券的投资额在投资组合中所占的比重; n 为投资组合中证券的种类个数。

如果使用资本资产定价模型来计算证券投资组合的收益率,则其计算公式为:

$$R_p = R_f + \beta_p \times (R_m - R_f)$$

其中: R_p 为投资组合的期望收益率; β_p 为第 i 种证券的系统风险系数,其余参数的含义同上述股票投资收益率计算中的资本资产定价模型。

2. SUMPRODUCT 函数

SUMPRODUCT 函数用于在给定的几组数组中,将数组间对应的元素相乘,并返回乘积之和,可以用来计算证券投资组合的收益。

【例题 5·判断题】 数组参数必须具有相同的维数。否则,SUMPRODUCT 函数将返回"♯VALUE! 错误值 ♯REF!"。SUMPRODUCT 函数将非数值型的数组元素作为 0 处理。   （　　）

【答案】 √

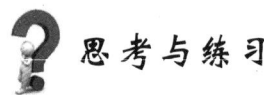 **思考与练习**

一、单项选择题

1. 下列函数中,不属于财务函数的为（　　）。

A. SUMPRODUCT 函数　　　　　　B. PV 函数

C. RATE 函数　　　　　　　　　　D. PRICE 函数

2. 如果股价低于其内在价值,说明该股票可以投资。假定 B5 单元格表示股价,B10 单元格表示股票内在价值。则判断股票是否具有投资价值的公式应设置为（　　）。

A. ＝IF(B5<B10,"无","有")　　　　B. ＝IF(B5<B10,无,有)

C. ＝IF(B5<B10,有,无)　　　　　　D. ＝IF(B5<B10,"有","无")

3. 已知某股票的相关数据如图 7-3 所示,则计算该股票投资收益率的公式为（　　）。

	A	B
1	**已知条件：**	
2		A股票
3	证券市场平均收益	18%
4	无风险收益率	6%
5	β系数	1.25

图 7-3　已知条件

A. ＝B3＋(B3－B4)＊B5

B. ＝B4＋(B3－B4)＊B5

C. ＝(B3－B4)＊B5

D. ＝B4＋B3＊B5

4. 关于 PRICE 函数,下列说法错误的是（　　）。

A. 其语法为 PRICE(settlement,maturity,rate,yld,redemption,frequency,basis)

B. settlement 表示证券的结算日,maturity 表示有价证券的到期日

C. rate 表示有价证券的年收益利率

D. 如果没有具体的发行日期和到期日,则 settlement 和 maturity 两个参数可以随

意设定日期,只要其间隔年数等于债券期限的日期即可

5. 公式"=SUMPRODUCT(B3:D3,B4:D4)"的运行结果等同于公式(　　)。

A. =B3＊B4＋C3＊C4＋D3＊D4　　　B. =B3＊C3＋B4＊C4＋D3＊D4

C. =B3＊C4＋C3＊D4　　　D. =B3＊C3＊D3＋B4＊C4＊D4

二、多项选择题

1. 如果三年期债券没有具体到期日和发行日,则 PRICE 函数的参数可设置有(　　)。

A. =PRICE("2021-1-1","2024-1-1",B4,B7,B3/(B3/100),1,3)＊(B3/100)

B. =PRICE("2017-1-1","2020-1-1",B4,B7,B3/(B3/100),1,3)＊(B3/100)

C. =PRICE("2017-1-1","2021-1-1",B4,B7,B3/(B3/100),1,3)＊(B3/100)

D. =PRICE("2017-1-1","2019-1-1",B4,B7,B3/(B3/100),1,3)＊(B3/100)

2. 假定 A 债券面值 1 000 元,票面利率 8%,每年年末付息 1 次,期限 5 年,当前市场利率为 10%,则计算债券的价值可以使用(　　)函数。

A. PV　　　B. PRICE

C. RATE　　　D. YIELD

3. 已知某证券投资组合的相关数据如图 7-4 所示,则计算该证券投资收益率的公式有(　　)。

	A	B	C	D
1	已知条件:			
2		A股票	B股票	C股票
3	β系数	1.6	1	0.7
4	权重	40%	30%	30%
5	期望收益率	13%	15%	10%
6	市场平均收益率	12%		
7	证券组合的β系数	1.15		
8	无风险收益率	8%		

图 7-4　已知条件

A. =(B6−B8)＊B7　　　B. =SUMPRODUCT(B4:D4,B5:D5)

C. =B8＋(B6−B8)＊B7　　　D. =SUMPRODUCT(B3:D3,B5:D5)

4. 以下说法正确的有(　　)。

A. PRICE 函数的功能是计算定期付息的面值 100 元债券价值,所以当债券面值不是 100 元时,参数 redemption 的值需要换算

B. 永久债券价值=债券年利息额/折现率

C. 函数 SUMPRODUCT 将非数值型的数组元素作为 0 处理

D. INTRATE 函数的功能是计算一次性付息有价证券的年收益率

三、判断题

1. PRICE 函数的 settlement，maturity，rate，yld，redemption，frequency 参数不能为空。　　　　　　　　　　　　　　　　　　　　　　　　　（　　）

2. YIELD 函数是数学和三角函数，用来计算债券的投资收益率。　　（　　）

3. PRICE 函数和 YIELD 函数的 frequency 参数表示年付息次数。如果按年支付，参数 frequency 等于 1；按半年期支付，参数 frequency 等于 2；如果按季支付，参数 frequency 等于 3。　　　　　　　　　　　　　　　　　　　　（　　）

4. 假定 A 债券面值 1 000 元，票面利率 8%，每年年初付息 1 次，期限 5 年，使用 PV 函数计算债券的价值，type 参数应设置为 1。　　　　　　　　　　（　　）

5. SUMPRODUCT 函数用于在给定的几组数组中，将数组间对应的元素相乘，并返回乘积之和。　　　　　　　　　　　　　　　　　　　　　　　　　（　　）

四、上机操作题

1. 某 10 年期债券，年利率为 12%，半年付息一次。票面价值为 1 000 元，若该债券在第 4 年被提前赎回，赎回价格为 1 060 元，债券的发行价格为 1 100 元。

要求：

(1) 计算该债券的到期收益率。

(2) 计算该债券的提前赎回收益率。

2. 某公司持有 A、B、C 三种股票构成的证券投资组合，其 β 系数分别为 3、1.5、0.7，在证券投资组合中所占的比例分别为 40%、50%、10%，股票市场的平均收益率为 16%，无风险收益率为 6%。

要求：利用 Excel 计算该证券投资组合的预期报酬率。

3. 某公司准备购入 A 债券，该债券每张面值 2 000 元，期限 5 年，票面利率 6%，每半年末付息一次，购买时的市场利率为 5.5%。

要求：计算债券的价格为多少时才能进行投资。

第八章　Excel 在筹资决策中的应用

重点、难点讲解及典型例题

一、资金需要量预测

1. 销售百分比法

运用销售百分比法预测资金需要量的具体步骤如下：

(1) 根据历史数据，预计销售收入增长率。

(2) 计算资产负债表中各敏感项目与销售额的百分比。其公式如下：

$$敏感项目与销售额的百分比 = \frac{基期敏感项目数额}{基期销售额} \times 100\%$$

(3) 计算内部留存收益增加额。其公式如下：

$$内部留存收益增加额 = 预计销售额 \times 计划销售净利率 \times (1 - 股利支付率)$$

(4) 计算外部融资需求量。其公式如下：

$$外部融资需求量 = 资产的增加 - 负债的增加 - 留存收益增加$$

$$= \frac{资产销售}{百分比} \times \frac{新增}{销售额} - \frac{负债销售}{百分比} \times \frac{新增}{销售额} - \frac{留存收益}{增加额}$$

【例题 1·多项选择题】 2022 年某公司资产负债表如图 8-1 所示，则计算货币资金占基期销售收入百分比的公式为（   ）。

	A	B	C	D	E	F	G	H
1	已知条件：							
2		2022年资产负债表		单位：万元		其他相关数据		
3	资产	期末余额	负债及所有者权益	期末余额				单位：万元
4	货币资金	1 000.00	应付账款	1 000.00			2022年	2023年预计
5	应收账款	3 000.00	应付票据	2 000.00		销售收入	20000.00	26000.00
6	存货	6 000.00	长期借款	9 000.00		销售净利率	12.0%	12.0%
7	固定资产	7 000.00	实收资本	4 000.00		股利支付率	60.0%	60.0%
8	无形资产	1 000.00	资本公积	2 000.00		其他资金需求		148
9	资产总计	18 000.00	负债与所有者权益总计	18 000.00				

图 8-1　数据资料

A. ＝B4/G5   B. ＝B4/＄G＄5   C. ＝B4/H5   D. ＝B4/＄H＄5

【答案】　AB

【解析】　A 选项为相对引用公式,B 选项为绝对引用公式,两者都可用于计算货币资金占基期销售收入百分比,但 A 选项还适用于公式填充。

2. 线性回归分析法

运用线性回归分析法预测资金需要量的具体步骤如下:

(1) 收集整理企业历史各期的销售资料和占用资金量资料。

(2) 根据历史资料,使用 SLOPE 函数计算参数 b;使用 INTERCEPT 函数计算参数 a。

(3) 使用"$y = a + bx$"公式或 TREND 函数计算资金需要量。

【例题 2·多项选择题】　以下关于 SLOPE 函数的说法错误的有(　　)。

A. SLOPE 函数的语法为 SLOPE(known_y's, known_x's)

B. SLOPE 函数的语法为 SLOPE(known_x's, known_y's)

C. SLOPE 函数用于计算线性回归线的斜率

D. SLOPE 函数用于计算线性回归线的截距

【答案】　BD

【解析】　计算线性回归线的截距用 INTERCEPT 函数。

3. 高低点法

运用高低点法预测资金需要量的具体步骤如下:

(1) 收集整理企业历史各期的销售资料和占用资金量资料。

(2) 根据历史资料,分别使用 MAX 函数和 MIN 函数找出高点、低点;同时,使用 INDEX 函数分别找出高点、低点的对应占用资金。

(3) 分别计算 Δy 和 Δx 的值以及参数 b 和参数 a 的值。

(4) 使用"$y = a + bx$"公式或 TREND 函数计算资金需要量。

【例题 3·多项选择题】　以下函数属于查找与引用函数的有(　　)。

A. INDEX 函数　　B. MATCH 函数　　C. MIN 函数　　　D. MAX 函数

【答案】　AB

【解析】　MIN 函数和 MAX 函数属于统计函数。

二、资本成本计算

1. 权益资金的资本成本

具体计算公式如下:

$$普通股资本成本 = \frac{预期年股利额}{普通股筹资额 \times (1 - 筹资费率)} + 股利增长率$$

$$优先股资本成本 = \frac{优先股年股利额}{优先股筹资额 \times (1 - 筹资费率)} \times 100\%$$

$$留存收益资本成本 = \frac{预期年股利额}{留存收益额} + 股利年增长率$$

$$= 普通股第 1 年股利率 + 股利年增长率$$

2. 负债筹资的资本成本

具体计算公式如下：

$$长期借款的资本成本 = \frac{年利息 \times (1 - 所得税税率)}{借款总额 \times (1 - 筹资费率)} \times 100\%$$

$$发行债券的资本成本 = \frac{年利息 \times (1 - 所得税税率)}{发行额 \times (1 - 筹资费率)} \times 100\%$$

【例题 4·判断题】 假定 A 股票相关数据如图 8-2 所示,则在 B6 单元格设置计算该股票资本成本的公式为 = B4/(B3 * (1-B5))。   (   )

【答案】 √

	A	B
1	已知条件：	
2	优先股	
3	筹资总额（万元）	200
4	年股利（万元）	20
5	筹资费率	4%
6		

图 8-2 股票相关数据

【解析】 根据优先股资本成本的计算公式可知。

3. 综合资本成本

综合资本成本率是指一个公司全部长期资本的成本率,通常是以各种长期资本的所占比例为权重,对个别资本成本率进行加权平均测算。Excel 中可以使用 SUMPRODUCT 函数计算。

三、最佳资本结构筹资决策

1. 比较资本成本法

通过比较不同的资本结构的加权平均资本成本,选择其中加权平均资本成本最低的资本结构为最佳资本结构。Excel 中可以使 MIN 函数、INDEX 函数,找到最低点及与之匹配的最佳资本结构方案。

2. 比较每股利润分析法

普通股每股利润的计算公式为：

$$EPS = \frac{(EBIT - I)(1 - T) - D_p}{n}$$

其中：EPS 为普通股每股利润；$EBIT$ 为息税前利润；I 为债务利息；T 为所得税税率；D_p 为优先股股息；n 为普通股股数。

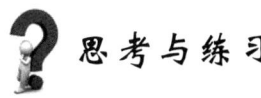

思考与练习

一、单项选择题

1. 在 Excel 中使用高低点法预测资金需要量，如果要求某一范围内的最小值，应该使用的函数是（　　）。

A. VERAGE 函数　　B. MAX 函数　　　C. MIN 函数　　　　D. MATCH 函数

2. 以下关于 SLOPE 函数，下列说法错误的为（　　）。

A. 参数可以是数字，或者是包含数字的名称、数组或引用

B. 如果 known_y's 和 known_x's 为空或其数据点个数不同，则返回错误值♯N/A

C. 该函数返回数据点的线性回归线的截距

D. 在 A1:A3 单元格区域中分别输入 1，2，3；B1:B3 单元格区域中分别输入 10，20，30；在 A4 单元格中输入公式"=SLOPE(B1:B3,A1:A3)"，则结果为"10"

3. 已知某企业的相关数据如图 8-3 所示，则使用销售百分比法计算该企业 2022 年资金需要量的公式为（　　）。

	A	B	C	D	E	F
12	资产项目	是否敏感	占基期销售收入百分比	权益项目	是否敏感	占基期销售收入百分比
13	货币资金	是	0.05	应付票据	是	0.05
14	应收账款	是	0.15	应付账款	是	0.1
15	存货	是	0.3	长期借款	否	不适用
16	固定资产	否	不适用	实收资本	否	不适用
17	无形资产	否	不适用	资本公积	否	不适用
18	合计		0.5	合计		0.15
19						
20			2022年	2023年预计		
21	销售收入		20 000.00	26 000.00		
22	销售净利率		12.0%	12.0%		
23	股利支付率		60.0%	60.0%		
24	其他资金需求			148		

图 8-3　企业相关数据

A. =(C18−F18)*(H5−G5)−H5*H6*(1−H7)+H8

B. =(C18−F18)*(H5−G5)−H5*H6*(1−H7)

C. =(F18−C18)*(C21−B21)−C21*C22

D. =(C18−F18)*(C21−B21)−C21*C22*(1−C23)+C24

4. 在 A1:A3 单元格区域中分别输入 1,2,3;B1:B3 单元格区域中分别输入 10,20,30;在 A4 单元格中输入公式"＝INDEX(B1:B3,MAX(A1:A3))",则返回计算结果为(   )。

A. 30　　　　　　B. 10　　　　　　C. 3　　　　　　D. 1

5. 在 A1:A3 单元格区域中分别输入数值 1,2,3;在 A4 单元格中输入公式"＝MATCH(1,A1:A3)",则返回计算结果为(   )。

A. 3　　　　　　B. 1　　　　　　C. 0　　　　　　D. 2

二、多项选择题

1. 关于 INDEX 函数,下列说法正确的有(   )。

A. 其语法为 INDEX(array, row_num, [column_num])

B. 如果省略 row_num,则必须有 column_num;如果省略 column_num,则必须有 row_num

C. 如果同时使用参数 row_num 和 column_num,函数 INDEX 返回 row_num 和 column_num 交叉处的单元格中的值

D. 用在高低点法中返回符合条件的资金占用量

2. 下列属于统计函数的有(   )。

A. SLOPE 函数　　　　　　　　B. INTERCEPT 函数

C. TREND 函数　　　　　　　　D. INDEX 函数

3. 下列关于 MATCH 函数说法正确的有(   )。

A. 该函数为查找与引用函数

B. 本章用在高低点法中返回符合条件的数值位置

C. 本章用在高低点法中返回符合条件的数值

D. 该函数为统计函数

4. 已知某公司拟筹资 2 000 万元,有三种方案供选择,相关数据如图 8-4 所示,则计算各筹资方案综合资本成本的公式正确的有(   )。

	A	B	C	D	E	F	G	H	I	J
1	已知条件:									
2	筹资方式	A方案			B方案			C方案		
3		筹资额	权重	资本成本率	权重	筹资额	资本成本率	权重	筹资额	资本成本率
4	长期借款	300	15.0%	6.5%	15.0%	500	6.7%	15.0%	200	6.8%
5	发行债券	400	20.0%	7.0%	20.0%	500	7.0%	20.0%	600	7.2%
6	优先股	500	25.0%	11.9%	25.0%	400	12.5%	25.0%	500	12.0%
7	普通股	800	40.0%	14.8%	40.0%	600	15.2%	40.0%	700	15.0%
8	合计	2 000	100.0%		100.0%	2 000		100.0%	2 000	

图 8-4　相关数据

A. "=SUMPRODUCT(C4:C7,D4:D7)"

B. "=SUMPRODUCT(E4:E7,G4:G7)"

C. "=SUMPRODUCT(H4:H7,J4:J7)"

D. "=SUMPRODUCT(D4:D7,E4:E7)"

三、判断题

1. 在 A1:A3 单元格区域中分别输入 1,2,3;B1:B3 单元格区域中分别输入 10,20,30;C1 单元格中输入 4,A4 单元格中输入公式"=TREND(B1:B3,A1:A3,C1)",则结果为"40"。　　　　　　　　　　　　　　　　　　　　　　（　　）

2. 匹配文本值时,MATCH 函数不区分大小写字母。　　　　　　　　（　　）

3. 公式"=INDEX(B11:D11,MATCH(B17,B16:D16))"中嵌套了 MATCH 函数。MATCH(B17,B16:D16)含义为在 B16:D16 单元格区域查找与 B17 单元格匹配的值并返回其位置。　　　　　　　　　　　　　　　　　　　　　　（　　）

4. TREND 函数是数学和三角函数,本章用来在线性回归分析法计算资金需要量。　　　　　　　　　　　　　　　　　　　　　　　　　　　（　　）

5. 当自变量是 0(零)时,可使用 INTERCEPT 函数确定因变量的值。本章用来计算线性回归分析法中的参数 b。　　　　　　　　　　　　　　　（　　）

四、上机操作题

1. A 公司 2022 年销售额为 1 000 000 万元,销售净利率为 4%,股利支付率为 40%,预计 2023 年的销售额为 1 500 000 万元,销售净利率和股利支付率不变。该公司 2022 年 12 月 31 日的资产负债表如表 8-1 所示。其中,流动资产和流动负债是敏感项目。

表 8-1　资产负债表(2022 年 12 月 31 日)　　　　　　单位:万元

资　　产	期末余额	负债及所有者权益	期末余额
货币资金	20 000	应付账款	150 000
应收账款	170 000	长期借款	230 000
存货	200 000	实收资本	400 000
固定资产	300 000	资本公积	20 000
无形资产	110 000		
资产总计	800 000	负债与所有者权益总计	800 000

要求:利用 Excel 计算该公司 2023 年的外部资金需要量。

2. 某公司 2018—2022 年销售量和资金需要量的历史资料如表 8-2 所示,2023 年预计产销量为 160 万台。

表 8-2　某公司销售量和资金占用变化情况

年　　度	产量(x 万台)	资金占用(y 万元)
2018	80	850
2019	100	900
2020	120	1 000
2021	130	1 050
2022	140	1 100

要求:

(1) 利用 Excel 使用高低点法计算该公司 2023 年的资金需要量。

(2) 利用 Excel 使用线性回归分析法计算该公司 2023 年的资金需要量。

3. 某公司拟筹资 500 万元,现有甲、乙两个备选方案,相关数据如表 8-3 所示。

表 8-3　备选筹资方案　　　　　　　　　　　　　　　　单位:万元

筹资方式	甲方案		乙方案	
	筹资额	资本成本率	筹资额	资本成本率
长期借款	50	5%	100	6%
发行债券	150	9%	100	7%
优先股	50	12%	80	13%
普通股	250	15%	220	14%
合计	500		500	

要求:利用 Excel 计算该公司的最佳资本结构。

4. 某企业目前的资金总额为 1 000 万元,其中负债 200 万元,年利息率 10%,权益资金 800 万元。现因生产发展需要,拟再筹资 400 万元。现有 A、B 两个备选方案,A 方案为发行普通股 40 万股,每股发行价 10 元;B 方案为发行 400 万元的公司债券,相关数据如表 8-4 所示。预计增资后的息税前利润为 210 万元。

表 8-4　备选筹资方案　　　　　　　　　　单位:万元

筹资方式	原资本结构	增加筹资后资本结构	
		增发普通股(A 方案)	发行债券(B 方案)
债券(利率 10%)	200	200	600
普通股(面值 8 元)	640	960	640
资本公积	100	180	100
留存收益	60	60	60
资金总额合计	1 000	1 400	1 400
普通股股数(万股)	80	120	80

要求:利用 Excel 计算该公司的最佳资本结构。

第九章　Excel 在投资决策中的应用

重点、难点讲解及典型例题

一、净现值

1. NPV 函数

NPV 函数的功能是使用贴现率和一系列未来支出(负值)和收益(正值),返回一项投资的净现值。语法为 NPV(rate,value1,value2,…)。

(1) NPV 函数中 value1,value2,…为 1 到 254 笔支出或收入的参数值。value1,value2,…所属各期间的长度必须相等,而且时间都发生在期末。

(2) NPV 函数假定投资开始于 value1 现金流所在日期的前一期,并结束于最后一笔现金流的当期。NPV 函数只能计算在同一贴现率下,各期现金流发生在每年年末,且第 1 笔现金必须是第 1 年年末的一组现金流量的净现值。如果第 1 笔现金流发生在第一个周期的期初,则第 1 笔现金必须添加到 NPV 函数的结果中,而不应包含在 values 参数中。

(3) NPV 使用 value1,value2,…的顺序来解释现金流的顺序。所以务必保证支出和收入的数额按正确的顺序输入。

(4) NPV 函数最多可设置 255 个参数。

2. 计算现值的函数比较(表 9-1)

表 9-1　计算现值的函数比较

函数	功能	适用范围
PV	基于固定利率及等额分期付款方式,返回某项投资的现值。可用于计算复利的现值、年金的现值或两者的合计数	可以指定现金流发生的时间;但计算多笔现金流时,现金流各期必须相等(即为年金形式)
NPV	使用贴现率和一系列未来支出(负值)和收益(正值),返回一项投资的净现值	现金流数值可以不同,但各期间的长度必须相等,而且时间都发生在期末
XNPV	返回一组现金流的净现值,这些现金流不一定定期发生	现金流量不一定是定期发生的,但要指定与现金流支付相对应的支付日期

【例题 1·综合题】　华夏公司有两个投资方案,这两个投资方案的现金净流量如图 9-1 所示。

	A	B	C	D
1		已知条件		
2	期间	A方案	B方案	资本成本
3		现金净流量	现金净流量	10%
4	0	−9 000	−12 000	
5	1	1 200	4 600	
6	2	6 000	4 600	
7	3	6 000	4 600	
8	合计	4 200	1 800	
9				
10	指标的计算及评价结果			
11		A方案	B方案	
12	净现值			
13	内含报酬率			

图 9-1　A、B方案现金净流量

（1）为了计算 A 方案的净现值,单元格 B12 的公式可设置为（　　）。

A. ＝NPV(D3,B5：B7)＋B4

B. ＝NPV(D3,B5,B6,B7)＋B4

C. ＝NPV(D3,B4：B7)

D. ＝NPV(D3,B4,B5,B6,B7)

【答案】　AB

【解析】　如果第 1 笔现金流发生在第一个周期的期初,则第 1 笔现金必须添加到 NPV 函数的结果中,而不应包含在 values 参数中。NPV 的参数可以按顺序一个一个设置,也可以采用数组或引用。

（2）为了计算 B 方案的净现值,单元格 C12 的公式可设置为（　　）。

A. ＝NPV(D3,C5：C7)＋C4

B. ＝NPV(D3,C5,C6,C7)＋C4

C. ＝PV(D3,3,,−C7,0)＋C4

D. ＝PV(D3,3,−C7)＋C4

【答案】　ABD

【解析】　当经营期各期现金流量相等时,可以采用 NPV 函数或 PV 函数计算现值。PV 函数的语法为 PV(rate,nper,pmt,fv,type),可以省略 pmt 或 fv,但其相应的位置必须由逗号进行占位,即逗号不可省略。选项 C 计算的是复利现值,而不是年金现值,故选项 C 不正确。另外,如果省略 type,则假设其值为零,即支付时间发生在期末,后面没有参数时,逗号可以省略,因此选项 D 正确。

【例题 2 · 多项选择题】 以下函数中,可用于计算现值的有( )。

A. PV　　　　　B. NPV　　　　　C. XNPV　　　　　D. FV

【答案】 ABC

【解析】 PV、NPV、XNPV 函数均可用于计算现值,但适用范围不同。

二、内含报酬率

1. IRR 函数

IRR 函数的功能是返回由数值代表的一组现金流的内部收益率。

语法为:IRR(values,guess)。

(1) IRR 函数中 values 必须包含至少一个正值和一个负值,以计算返回的内部收益率。

(2) IRR 函数根据数值的顺序来解释现金流的顺序。故应确定按需要的顺序输入支出和收入的数值。

(3) Microsoft Excel 使用迭代法计算 IRR 函数。从 guess 开始,IRR 函数进行循环计算,直至结果的精度达到 0.000 01%。如果省略 guess,假设它为 0.1(10%)。

(4) IRR 函数与净现值函数 NPV 密切相关。IRR 计算的收益率是与 0(零)净现值对应的利率。

2. 计算内含报酬率的函数比较(表 9-2)

表 9-2　计算内含报酬率的函数比较

函数	功能	适用范围
RATE	返回投资或贷款的每期实际利率	可用于计算年金每期的利率或复利的利率
IRR	返回由数值代表的一组现金流的内部收益率	现金流数值可以不同,但各期间的长度必须相等,而且时间都发生在期末
XIRR	返回一组不一定定期发生的现金流的内部收益率	现金流量不一定是定期发生的,但要指定与现金流支付相对应的支付日期

【例题 3 · 综合题】 延用[例题 1]的数据。

(1) 为了计算 A 方案的内含报酬率,单元格 B13 的公式可设置为( )。

A. ＝IRR(B4:B7)　　　　　B. ＝IRR(B4:B7,D3)

C. ＝XIRR(B4:B7)　　　　　D. ＝RATE(B4:B7)

【答案】 AB

【解析】 XIRR 函数的语法为 XIRR(values,dates,[guess]),其中,参数 values 与

dates 不可省略,因此选择项 C 不正确。RATE 函数的语法为:

RATE(nper,pmt,pv,[fv],[type],[guess])

因此选项 D 不正确。IRR 函数中参数 guess 可以省略,也可以指定一个数值开始迭代,所以选项 A、B 正确。

(2) 为了计算 B 方案的内含报酬率,单元格 C13 的公式可设置为(　　)。

A. ＝IRR(C4:C7,D3)　　　　　　B. ＝IRR(C4:C7)

C. ＝RATE(3,C5,C4)　　　　　　D. ＝RATE(3,C5,－C4)

【答案】　ABC

【解析】　当经营期各期现金流量相等时,可以采用 IRR 函数或 RATE 函数计算利率。通过上述分析可知,选项 A、B 正确。使用 RATE 函数计算利率时,pmt 与 pv 现金流方向是相反的,否则函数将返回错误值＃NUM!,因此选项 D 不正确,选项 C 正确。

三、固定资产更新决策

1. 固定资产更新决策方法的比较(表 9-3)

表 9-3　更新决策方法的比较

更新决策方法	决策规则	适用范围
平均年成本法	选择平均年成本低的方案	新旧设备使用寿命不相等
差额分析法	站在新设备的立场上,如果净现值大于零,则应出售旧设备购置新设备,否则继续使用旧设备	新旧设备使用寿命相等

2. 相关函数(表 9-4)

表 9-4　相关函数

更新决策方法	可能用到的函数
平均年成本法	① 若每年的运行成本相等时,可用 PV 函数或 NPV 函数计算运行成本的现值之和 ② 若每年的运行成本不相等时,可用 NPV 函数计算运行成本的现值之和 ③ 年金现值系数可用 PV 函数计算 1 元钱的年金现值得到
差额分析法	① 若每年的差额净现金流量相等时,可用 PV 函数或 NPV 函数计算净现金流量的现值之和 ② 若每年的差额净现金流量不相等时,可用 NPV 函数计算净现金流量的现值之和

【例题 4 · 综合题】　华夏公司考虑用一台新设备来代替旧设备。假设更新固定资产后并不增加企业的现金流入,且不考虑所得税的影响,在 Excel 建立一个是否应更新设备

的决策模型如图 9-2 所示,根据题意回答以下问题。

	A	B	C	D	E	F	G
1	已知条件				计算过程与决策结果		
2	项目	旧设备	新设备		项目	旧设备	新设备
3	原值	3 200	3 300		初始投资成本		
4	预计使用年限	8	6		年运行成本		
5	已经使用年限	4	0		残值收入		
6	最终残值	200	300		平均年成本		
7	目前变现价值	1 600	3 300		决策结论		
8	年运行成本	1 200	1 000				
9	资本成本	10%					

图 9-2　更新设备的决策模型

(1) 以下公式中,可用于计算年金现值系数的有( )。

A. ＝PV(B9,B4－B5,－1,,0)

B. ＝PV(B9,B4－B5,－1)

C. ＝PV(B9,B4－B5,,－1,0)

D. ＝PV(B9,B4－B5,,－1)

【答案】 AB

【解析】 公式＝PV(B9，B4－B5，－1，,0)和＝PV(B9，B4－B5，－1)计算结果是利率为 10%,期数为 4 的年金现值系数,而公式＝PV(B9，B4－B5，,－1，0)和＝PV(B9，B4－B5，,－1)计算结果是利率为 10%,期数为 4 的复利现值系数。

(2) 为了计算旧设备的平均年成本,单元格 F6 的公式可设置为( )。

A. ＝(F3＋PV(B9,B4－B5,－F4,F5,0))/PV(B9,B4－B5,－1,,0)

B. ＝(F3＋PV(B9,B4－B5,,F5,0))/PV(B9,B4－B5,－1,,0)＋F4

C. ＝(F3＋PV(B9,B4－B5,F4,－F5,0))/PV(B9,B4－B5,－1,,0)

D. ＝(F3＋PV(B9,B4－B5,－F4,,0)－PV(B9,B4－B5,,－F5,0))/PV(B9,B4－B5,－1,,0)

【答案】 ABD

【解析】 考虑货币的时间价值时,平均年成本是未来使用年限内现金流出总现值与年金现值系数的比值,且将残值视为一种现金流出,而 PV 函数又假定 pmt 与 fv 现金流与计算结果的现金方法是相反的,所以公式选项 A、D 正确,选项 C 不正确。又由于旧设备每年运行成本相等,所以平均年成本也可以采用选项 B 中的公式设置。

思考与练习

一、单项选择题

1. NPV 函数最多可设置（　　）个参数。

A. 1　　　　　　　B. 64　　　　　　C. 255　　　　　D. 244

2. 若 IRR 函数中省略参数 guess，则函数从（　　）开始迭代。

A. 0　　　　　　　　　　　　　B. 10%

C. 资本成本　　　　　　　　　　D. 投资者要求的报酬率

3. 若 IRR 函数中参数 values 全部设置为正值，则函数将返回（　　）。

A. 0　　　　　　　　　　　　　B. ♯N/A

C. ♯NUM!　　　　　　　　　　D. ♯VALUE!

4. 若投资方案的现金流量不是定期发生时，则只能采用（　　）函数计算项目的内含报酬率。

A. XIRR　　　　　　　　　　　B. NPV

C. XNPV　　　　　　　　　　　D. IRR

5. 在固定资产更新决策中，若新旧设备的生产能力相同，但使用寿命不同，则应采用（　　）进行决策。

A. 平均年成本法　　　　　　　　B. 净现值法

C. 内含报酬率法　　　　　　　　D. 差额分析法

二、多项选择题

1. 以下函数中，可用于计算净现值的有（　　）。

A. XIRR　　　　B. NPV　　　　C. XNPV　　　　D. IRR

2. 以下函数中，可用于计算内含报酬率的有（　　）。

A. XIRR　　　　B. NPV　　　　C. XNPV　　　　D. IRR

3. 以下函数中，最多可设置 255 个参数的有（　　）。

A. SUM()　　　B. NPV()　　　C. MAX()　　　D. AVERAGE()

4. 当每期的现金净流量相等时，可以用来计算现值的函数有（　　）。

A. IRR　　　　　B. NPV　　　　C. FV　　　　D. PV

5. 在固定资产更新决策模型中，可能用到的函数有（　　）。

  A. IRR   B. NPV   C. IF   D. PV

三、判断题

1. NPV 函数假定投资开始于 value1 现金流所在日期的前一期,并结束于最后一笔现金流的当期。NPV 函数只能计算在同一贴现率下,各期现金流发生在每年年末,且第 1 笔现金必须是第 1 年年末的一组现金流量的净现值。如果第 1 笔现金流发生在第一个周期的期初,则第 1 笔现金必须添加到 NPV 函数的结果中,而不应包含在 values 参数中。( )

2. NPV 函数与 PV 函数均可用于计算现值,这两个函数在使用中没有区别。

( )

3. NPV 函数的 value1,value2,…必须一个一个设置,不可以使用数组或引用。

( )

4. IRR 函数的参数 values 必须包含至少一个正值和一个负值,以计算返回内部收益率。( )

5. 当项目现金流量不是定期发生时,可以使用 IRR 函数计算项目内含报酬率。

( )

四、上机操作题

1. 华夏公司准备进行一项长期投资,该投资项目有关资料如下:

期初固定资产投资 260 万元,于投资期初投入使用,预计使用 8 年,预计净残值为 60 万元,采用年限平均法计提折旧。期初垫支营运资金 20 万元,固定资产残值与垫支的营运资金于投资期结束时收回。若贴现率为 10%,所得税税率为 25%,其余资料如图 9-3 所示。

A	B	C	D	E	F	G	H	I	J
1	已知条件(金额单位:万元)								
期初固定资产投资	260	所得税税率		25%					
固定资产残值	60	贴现率		10%					
期初垫支营运资金	20	折旧方法		使用年限法					
年份	0	1	2	3	4	5	6	7	8
销售收入		120	130	150	180	200	200	210	220
付现成本		42	48	60	72	90	96	108	114

图 9-3　相关资料

要求:在 Excel 中建立模型,计算该项投资每年的净现金流量及净值、获利指数、内含报酬率,并采用净现值法对该项投资的可行性进行判断。

2. 华夏公司现有一台旧机床是三年前购进的,目前准备用一台新机床替换。该公司所得税税率25%,资本成本为10%,其余资料如图9-4所示。

	A	B	C
1	**已知条件**		
2	项目	旧设备	新设备
3	原价	43 000	50 000
4	税法残值	3 000	2 000
5	税法使用年限（年）	8	6
6	已使用年限（年）	3	0
7	尚可使用年限（年）	5	6
8	每年折旧费（直线法）	5 000	8 000
9	每年付现成本	10 000	6 000
10	目前变现价值	20 000	50 000
11	最终报废残值	3 000	3 000
12	税率	25%	
13	资本成本	10%	

图9-4　相关资料

要求:在Excel中建立一个是否应更新设备的决策模型。

第十章　Excel 在流动资产管理中的应用

重点、难点讲解及典型例题

一、规划求解

1. 调出规划求解的方法

单击"文件"|"选项"|"加载项"|"规划求解加载项",单击"转到"命令,选择规划求解加载项,单击"确定"按钮。

注意:

(1) 利用"规划求解"工具确定最佳现金余额,应注意将目标单元格设置为相应公式。

(2) 可变单元格应设置大于 0 的数作为初值,如输入"50"。

2. 规划求解的作用

"规划求解"不仅可以解决运筹学、线性规划等问题,还可以用来求解线性方程组及非线性方程组。通常,当涉及依赖于单个或者多个未知变量的目标变量的最大化或者最小化的优化问题时,则应当使用"规划求解"。"规划求解"允许用户指定一个或者多个约束条件。借助"规划求解",可求得工作表上目标单元格中公式的最优值。

【例题 1·多项选择题】 规划求解的作用有(   )。

A. 可以解决运筹学、线性规划等问题

B. 可求得工作表上目标单元格中公式的最优值

C. 可以用来求解线性方程组及非线性方程组

D. 涉及依赖于单个或者多个未知变量的目标变量的最大化或者最小化的优化问题

【答案】 ABCD

【解析】 "规划求解"允许用户指定一个或者多个约束条件。借助"规划求解",可求得工作表上目标单元格中公式的最优值。

【例题 2·判断题】 使用"规划求解"可求得工作表上目标单元格中公式的最优值。(   )

【答案】 √

【解析】 当涉及依赖于单个或者多个未知变量的目标变量的最大化或者最小化的优化问题时,则应当使用"规划求解"。

二、应收账款信用决策模型

应收账款赊销的效果好坏,依赖于企业的信用政策。信用政策包括信用期间、信用标准和现金折扣政策。

1. 计算占用资金的机会成本

相关公式如下：

(1) 应收账款占用资金的机会成本＝应收账款占用资金×资本成本

其中：应收账款占用资金＝应收账款平均余额×变动成本率

＝日赊销额×平均收现期×变动成本率

(2) 存货占用资金的机会成本＝存货占用资金×资本成本

其中：存货占用资金＝存货平均余额

(3) 应付账款占用资金抵减的机会成本＝应付账款占用资金×资本成本

其中：应付账款占用资金＝应付账款平均余额

2. 计算坏账损失

坏账损失的公式如下：

坏账损失＝预计销售额×坏账损失率

3. 计算折扣成本（若提供现金折扣时）

折扣成本的公式如下：

折扣成本＝赊销额×折扣率×享受折扣的客户比率

4. 计算各方案税前损益

税前损益的公式如下：

税前损益＝收益－成本费用

在各种不同的信用条件方案中，企业应选择能带来最大税前损益的方案作为最优方案。

【例题3·综合题】 华夏公司按目前赊销策略的销售情况和其他相关资料已输入工作表，企业拟改变赊销策略并拟定两个不同新方案，资料如图10-1所示。

	A	B	C	D
1		已知条件		
2	项目	目前方案	方案1	方案2
3	年销售量（件）	9 000 000	8 000 000	1 200 000
4	销售单价（元）	5	5	5
5	边际贡献率	20%	20%	20%
6	资本成本	10%	10%	10%
7	平均收账期（天）	40	45	30
8	平均坏账损失率	10%	8%	12%
9	平均存货水平	10 000	15 000	11 000
10	可能发生的收账费用（元）	3 000	5 000	2 850
11	信用条件	n/30	n/40	2/10，n/50
12				
13		计算与决策结果		
14	备选方案	目前方案	方案1	方案2
15	边际贡献			
16	应收账款机会成本			
17	存货机会成本			
18	坏账损失			
19	收账费用			
20	现金折扣			
21	税前损益			
22	决策结论			

图10-1 相关资料

如果采用方案 2,估计会有 50％的顾客(按销售额计算)在 10 天内付款,其余的顾客在 50 天内付款。

要求:建立一个对该公司选择信用条件方案作出决策的模型。

【答案】

答案如图 10-2 所示。

	A	B	C	D
1		已知条件		
2	项目	目前方案	方案1	方案2
3	年销售量(件)	9 000 000	8 000 000	1 200 000
4	销售单价(元)	5	5	5
5	边际贡献率	20%	20%	20%
6	资本成本	10%	10%	10%
7	平均收账期(天)	40	45	30
8	平均坏账损失率	10%	8%	12%
9	平均存货水平	10 000	15 000	11 000
10	可能发生的收账费用(元)	3 000	5 000	2 850
11	信用条件	n/30	n/40	2/10, n/50
12				
13		计算与决策结果		
14	备选方案	目前方案	方案1	方案2
15	边际贡献	9 000 000.00	8 000 000.00	1 200 000.00
16	应收账款机会成本	400 000.00	400 000.00	40 000.00
17	存货机会成本	4 000.00	6 000.00	4 400.00
18	坏账损失	4 500 000.00	3 200 000.00	720 000.00
19	收账费用	3 000.00	5 000.00	2 850.00
20	现金折扣	0.00	0.00	60 000.00
21	税前损益	4 093 000.00	4 389 000.00	372 750.00
22	决策结论	采用方案一		

图 10-2 决策模型

【解析】

(1) 选择单元格区域 B15:D15,输入数组公式"＝B3:D3＊B4:D4＊B5:D5"。

(2) 选择单元格区域 B16:D16,输入数组公式"＝B3:D3＊B4:D4/360＊B7:D7＊(1－B5:D5)＊B6:D6"。

(3) 选择单元格区域 B17:D17,输入数组公式"＝B9:D9＊B4:D4＊(1－B5:D5)＊B6:D6"。

(4) 选择单元格区域 B18:D18,输入数组公式"＝B3:D3＊B4:D4＊B8:D8"。

(5) 选择单元格区域 B19:D19,输入数组公式"＝B10:D10"。

(6) 选择单元格 D20,输入公式"＝D3＊D4＊2％＊50％"。

(7) 选择单元格区域 B21:D21,输入数组公式"＝B15:D15－B16:D16－B17:D17－

B18：D18－B19；D19－B20：D20"。

(8) 选择单元格 B22，输入公式"＝IF(MAX(C21－B21,D21－B21)＜＝0,"两个方案都不可行",IF(C21－B21＝D21－B21,"两个方案都可以",IF(C21－B21＞D21－B21,"采用方案 1","采用方案 2")))"。

思考与练习

一、单项选择题

1. 调出规划求解的方法(　　)。

A. "文件"|"选项"|"加载项"|"规划求解加载项"

B. "数据"|"规划求解加载项"

C. "Excel 选项"|"快速访问工具栏"|"不在功能区中的命令"|"规划求解加载项"

D. "开始"|"规划求解加载项"

2. 在 Excel2019 中，欲在多个单元格中输入相同的数据，只需选择需要输入相同数据的多个单元格，输入数据后，同时按住(　　)。

A. Ctrl＋Shift＋Enter

B. Ctrl＋Shift＋Alt

C. Ctrl＋Alt

D. Ctrl＋Enter

3. 确定最佳现金持有量的方法不包括(　　)。

A. 成本分析模式

B. 存货模式

C. 制造模式

D. 规划求解

4. 新方案销售额增量×销售利润率＝(　　)。

A. 信用条件变化引起现金折扣的变化

B. 信用标准变化引起利润的变化

C. 信用标准变化引起坏账损失的变化

D. 应收账款信用策略变化带来的净损益变化

二、判断题

1. 在 Excel2019 中，利用"规划求解"工具确定最佳现金余额，可直接从数据列表命令取出规划求解。　　　　　　　　　　　　　　　　　　　　　　　(　　)

2. 在工作表中输入数组公式后，可以单独对数组公式所涉及的单元格区域中的某一个单元格进行编辑、清除或移动等操作。　　　　　　　　　　　　　　　(　　)

3. 在 Excel 中,分类汇总前须先进行排序。 （　　）

4. 在 Excel2019 中,若参数是一个只包含数字的数组,运用 COUNTA 函数和 COUNT 函数计数结果是相同的。 （　　）

三、上机操作题

1. 华夏公司现有 A、B、C、D 四种现金持有方案,有关成本资料如图 10-3 所示。

	A	B	C	D	E
1	已知条件				
2	项目	A	B	C	D
3	现金持有量	10 000	20 000	30 000	40 000
4	管理成本	3 000	3 000	3 000	3 000
5	短缺成本	5 600	2 500	1 000	0
6	机会成本率	12%	12%	12%	12%

图 10-3　有关成本资料

要求:应用成本分析模式,建立最佳现金持有量分析表。

2. 华夏企业现金收支状况比较稳定,预计全年(按 360 天计算)需要现金 20 000 000 元,现金与有价证券的转换成本为每次 100 元,有价证券的年利率为 10%。企业要求的最低现金余额为 180 000 元。

要求:

(1) 应用存货管理模式建立最佳现金余额分析模型。

(2) 通过规划求解工具建立最佳现金资产余额分析模型。

3. 华夏企业全年需甲材料 3 600 吨,单价 500 元,每次采购成本 3 600 元,每吨材料年保管费 200 元。

要求:应用基本的经济订货批量模型,确定该材料经济订货批量、采购间隔期、订购总成本及占用资金额。

第十一章　Excel 在财务分析中的应用

重点、难点讲解及典型例题

一、财务分析概述

1. 财务分析的定义

财务分析,又称财务报表分析,是指在财务报表及其相关资料的基础上,通过一定的方法和手段,对财务报表提供的数据进行系统和深入的分析研究,提示有关指标之间的关系、变动情况及其形成的原因,从而向使用者提供相关和全面的信息。

2. 财务分析的目的

财务报表的使用者包括投资人、债权人、政府部门、经理、雇员等利益相关者。

【例题 1·多项选择题】 财务分析的目的主要有( )。

A. 评价企业的财务状况

B. 评价企业的资产管理水平

C. 评价企业的获利能力

D. 评价企业的发展趋势

【答案】 ABCD

【解析】 财务分析的目的主要包括四个方面:评价企业的财务状况、评价企业的资产管理水平(营运能力)、评价企业的获利能力、评价企业的发展趋势。

3. 财务分析的方法

财务分析的方法,通常包括纵向分析、横向分析、财务比率分析、因素分析等方法。

二、财务报表分析模型

1. 资产负债表分析模型

对资产负债表的分析包括比较分析和结构分析。

(1) 比较分析。

比较分析是指将前后两期的资产负债表数据进行对比计算增减变动额和增减变动幅度。

(2) 结构分析。

结构分析一般是以资产总额为 100%,计算资产负债表上的各项目占资产总额的百分比。

资产负债表分析模型结构图如图 11-1 所示。

	H	I	J	K	L	M	N	O	P	Q
1	华夏公司2022年资产负债表分析（单位：万元）									
2	资产	年末与年初比较		结构分析		负债及所有者权益	年末与年初比较		结构分析	
3		增减额	增减幅度	年末结构	年初结构		增减额	增减幅度	年末结构	年初结构
4	流动资产					流动负债				
5	货币资金					短期借款				
6	交易性金融资产					应付账款				
7	应收账款					流动负债合计				
8	存货					非流动负债				
9	流动资产合计					长期借款				
10	非流动资产					应付债券				
11	债权投资					非流动负债合计				
12	长期应收款					负债合计				
13	长期股权投资					所有者权益				
14	固定资产					股本　（面值1元）				
15	在建工程					资本公积				
16	无形资产					盈余公积				
17	非流动资产合计					未分配利润				
18						所有者权益合计				
19	资产总计					负债和所有者权益总计				
20										

资产负债表分析模型　利润表分析模型　现金流量表分析模型　财务比率分析模型　企业间财务状况比较分析-理想的利

图 11-1　资产负债表分析模型结构图

2. 利润表分析模型

对利润表的分析包括比较分析和结构分析。

（1）比较分析。

比较分析是指将前后两期的利润表数据进行对比计算增减变动额和增减变动幅度。

（2）结构分析。

结构分析一般是以营业收入为100％，计算利润表上的各项目占营业收入的百分比。

利润表分析模型结构图如下图 11-2 所示。

	E	F	G	H	I
1	华夏公司2022年利润表分析（单位：万元）				
2	项　　目	与上期比较分析		结构分析	
3		增减额	增减幅度	本期结构	上期结构
4	一、营业收入				
5	减：营业成本				
6	税金及附加				
7	销售费用				
8	管理费用				
9	研发费用				
10	财务费用				
11	其中：利息费用				
12	利息收入				
13	加：其他收益				
14	投资收益				
15	其中：对联营企业和合营企业的投资收益				
16	以摊余成本计量的金融资产终止确认收益（损失以"-"号填列）				
17	净敞口套期收益（损失以"-"号填列）				
18	公允价值变动收益（损失以"-"号填列）				
19	信用减值损失（损失以"-"号填列）				
20	资产减值损失（损失以"-"号表示）				
21	资产处置收益（损失以"-"号表示）				
22	二、营业利润				
23	加：营业外收入				
24	减：营业外支出				
25	三、利润总额				
26	减：所得税费用				
27	四、净利润				
28					

利润表分析模型　⊕

图 11-2　利润表分析模型结构图

3. 现金流量表分析模型

对现金流量表的分析包括比较分析和结构分析。

（1）比较分析。

比较分析是指将前后两期的现金流量表数据进行对比计算增减变动额和增减变动幅度。

（2）结构分析。

结构分析包括现金流入量结构分析、现金流出量结构分析和现金流量净额结构分析。通过对现金流量表的分析，可以反映企业的现金流入量、现金流出量和现金流量净额的构成情况。

现金流量表分析模型结构图如图 11-3 所示。

	华夏公司2022年现金流量表分析（单位：万元）								
项 目	与上期比较分析		本期结构分析			上期结构分析		
	增减额	增减幅度	流入结构	流出结构	净额结构	流入结构	流出结构	净额结构
一、经营活动产生的现金流量：								
销售商品、提供劳务收到的现金								
经营活动现金流入小计								
购买商品、接受劳务支付的现金								
支付给职工以及为职工支付的现金								
经营活动现金流出小计								
经营活动产生的现金流量净额								
二、投资活动产生的现金流量：								
收回投资收到的现金								
取得投资收益收到的现金								
投资活动现金流入小计								
购建固定资产、无形资产和其他长期资产支付的现金								
投资支付的现金								
支付其他与投资活动有关的现金								
投资活动现金流出小计								
投资活动产生的现金流量净额								
三、筹资活动产生的现金流量：								
吸收投资收到的现金								
取得借款收到的现金								
筹资活动现金流入小计								
支付其他与筹资活动有关的现金								
筹资活动现金流出小计								
筹资活动产生的现金流量净额								
四、汇率变动对现金及现金等价物的影响								
五、现金及现金等价物净增加额								

资产负债表分析模型　利润表分析模型　现金流量表分析模型　财务比率分析模型

图 11-3　现金流量表分析模型结构图

三、财务比率分析模型

财务比率涉及企业经营管理的各个方面，财务比率通常分为四大类，即偿债能力比率、获利能力比率、营运能力比率、发展能力比率。

1. 偿债能力比率

偿债能力比率主要如表 11-1 所示。

表 11-1 主要财务比率分析指标

大类	分类	比率指标名称	计算公式
偿债能力比率	短期偿债能力比率	流动比率	流动资产/流动负债
		速动比率	(流动资产－存货)/流动负债
		现金比率	可立即动用的资金/流动负债
		现金流量比率	经营活动现金净流量/流动负债
	长期偿债能力比率	资产负债率	负债总额/资产总额
		股东权益比率	股东权益总额/资产总额
		偿债保障比率	负债总额/经营活动现金净流量
	负担利息和固定费用能力	利息保障倍数	息税前利润/利息费用
		固定费用保险倍数	税前及支付固定费用前利润/[利息费用＋租金＋优先股股利/(1－税率)]

【例题 2·多项选择题】 以下比率指标,属于偿债能力指标的有( )。

A. 流动比率

B. 速动比率

C. 资产负债率

D. 存货周转率

【答案】 ABC

【解析】 存货周转率属于营运能力指标。

【例题 3·多项选择题】 关于利息保障倍数指标的公式,以下表达正确的有( )。

A. 息税前利润/利息费用

B. (营业利润＋利息费用)/利息费用

C. (税前利润＋利息费用)/利息费用

D. (净利润＋所得税费用＋利息费用)/利息费用

【答案】 ABCD

【解析】 息税前利润＝税前利润＋利息费用＝营业利润＋利息费用＝净利润＋所得税费用＋利息费用。

2. 获利能力比率

获利能力比率主要如表 11-2 所示。

表 11-2　获利能力比率分析指标

大类	分类	比率指标名称	计算公式
获利能力比率	与营业收入有关的获利能力比率	销售毛利率	销售毛利/营业收入
		销售净利率	净利润/营业收入
	与资金有关的获利能力比率	资产净利率	净利润/资产平均总额
		净资产收益率	净利润/净资产平均总额
	与股份数或股票价格有关的获利能力比率	普通股每股收益	(净利润－优先股股利)/发行在外的普通股平均股数
		普通股每股现金流量	(经营活动现金净流量－优先股股利)/发行在外的普通股平均股数
		普通股每股股利	普通股现金股利/发行在外的普通股平均股数
		市盈率	普通股每股市价/普通股每股收益
		市净率	普通股每股市价/普通股每股净资产

【例题 4·多项选择题】　以下比率指标,属于获利能力指标的有(　　)。

A. 营业利润率

B. 总资产报酬率

C. 销售净利润

D. 市盈率

【答案】　ABCD

【解析】　营业利润率、总资产报酬率均属于获利能力指标。

$$营业利润率＝营业利润／营业收入$$

$$总资产报酬率＝息税前利润／平均资产总额＝(营业利润＋利息费用)／平均资产总额$$

3. 营运能力比率

营运能力比率主要如表 11-3 所示。

表 11-3 营运能力比率分析指标

大类	分类	比率指标名称	计算公式
营运能力比率	反映资产周转情况的比率	应收账款周转率	营业收入/应收账款平均余额
		应收账款周转天数	360/应收账款周转率
		存货周转率	销售成本/存货平均余额
		存货周转天数	360/存货周转率
		流动资产周转率	营业收入/流动资产平均余额
		固定资产周转率	营业收入/固定资产平均余额
		总资产周转率	营业收入/资产平均余额
	产生现金能力的比率	经营现金使用效率	经营活动现金流入/经营活动现金流出
		现金利润比率	现金及现金等价物净增加额/净利润
		现金收入比率	经营活动现金净流量/营业收入

【例题5·单项选择题】 关于存货周转率指标,以下正确的是( )。

A. 销售成本/存货平均余额　　　B. 营业收入/存货平均余额

C. 存货平均余额/销售成本　　　D. 存货平均余额/营业收入

【答案】 A

【解析】 存货周转率=销售成本/存货平均余额=营业成本/存货平均余额。

4. 发展能力比率

发展能力比率主要如表 11-4 所示。

表 11-4 发展能力比率分析指标

大类	分类	比率指标名称	计算公式
发展能力比率	与资产有关的增长率	总资产增长率	(期末总资产-期初总资产)/期初总资产
		净资产增长率	(期末净资产-期初净资产)/期初净资产
	与收入和利润有关的增长率	营业收入增长率	(本期营业收入-上期营业收入)/上期营业收入
		净利润增长率	(本期净利润-上期净利润)/上期净利润

【例题6·多项选择题】 以下比率指标,属于发展能力指标的有( )。

A. 固定资产周转率　　　　　　B. 销售毛利率

C. 总资产增长率　　　　　　　D. 净利润增长率

【答案】 CD

【解析】 固定资产周转率属于营运能力指标,销售毛利率属于获利能力指标。

5. 财务比率分析模型结构

财务比率分析模型结构如图 11-4 所示。

	A	B	C	D	E
1	财务比率分析模型				
2	大类	分类	比率指标名称		指标值
3	偿债能力比率	短期偿债能力比率	流动比率	流动资产/流动负债	
4			速动比率	（流动资产－存货）/流动负债	
5			现金比率	可立动动用的资金/流动负债	
6			现金流量比率	经营活动现金净流量/流动负债	
7		长期偿债能力比率	资产负债率	负债总额/资产总额	
8			股东权益比率	股东权益总额/资产总额	
9			偿债保障率	负债总额/经营活动现金净流量	
10		负担利息和固定费用能力	利息保障倍数	息税前利润/利息费用	
11			固定费用保险倍数	税前及支付固定费用前利润/[利息费用+租金+优先股股利/（1－税率）]	
12	获利能力比率	与营业收入有关的获利能力比率	销售毛利率	销售毛利/营业收入	
13			销售净利率	净利润/营业收入	
14		与资金有关的获利能力比率	资产净利率	净利润/资产平均总额	
15			净资产收益率	净利润/净资产平均总额	
16		与股份数或股票价格有关的获利能力比率	普通股每股收益	（净利润－优先股股利）/发行在外的普通股平均股数	
17			普通股每股现金流量	（经营活动现金净流量－优先股股利）/发行在外的普通股平均股数	
18			普通股每股股利	普通股现金股利/发行在外的普通股平均股数	
19			市盈率	普通股每股市价/普通股每股收益	
20			市净率	普通股每股市价/普通股每股净资产	
21	营运能力比率	反映资产周转情况的比率	应收账款周转率	营业收入/应收账款平均余额	
22			应收账款周转天数	360/应收账款周转率	
23			存货周转率	销售成本/存货平均余额	
24			存货周转天数	360/存货周转率	
25			流动资产周转率	营业收入/流动资产平均余额	
26			固定资产周转率	营业收入/固定资产平均余额	
27			总资产周转率	营业收入/资产平均余额	
28		产生现金能力的比率	经营现金使用效率	经营活动现金流入/经营活动现金流出	
29			现金利润比率	现金及现金等价物净增加额/净利润	
30			现金收入比率	经营活动现金净流量/营业收入	
31	发展能力比率	与资产有关的增长率	总资产增长率	（期末总资产－期初总资产）/期初总资产	
32			净资产增长率	（期末净资产－期初净资产）/期初净资产	
33		与收入和利润有关的增长率	营业收入增长率	（本期营业收入－上期营业收入）/上期营业收入	
34			净利润增长率	（本期净利润－上期净利润）/上期净利润	

现金流量表分析模型 / 财务比率分析模型 / 企业间财务状况比较分析-理想的利润表 / 企业间财务状...

图 11-4　财务比率分析模型结构图

四、企业间财务状况的比较分析

财务状况只有与同行业、同规模的其他企业对比才能看到与对方的区别，发现问题，进而去解决问题。企业间财务状况的比较分析通常采用"标准财务比率"或"理想财务报表"进行比较和分析。

五、综合财务分析

综合财务分析是指对企业的财务状况和经营成果等各方面情况进行综合的评价。综合财务分析的方法主要有财务比率综合评分法和杜邦系统分析法两种。

1. 财务比率综合分析法

"综合评分表"的设计模型结构如图 11-5 所示。

	A	B	C	D	E	F	G
1	华夏公司2022年综合评分表						
2	指标类别	指标名称	标准评分值	行业标准值	实际值	关系比率	实际得分
3	偿债能力比率	流动比率					
4		现金比率					
5		股东权益比率					
6		利息保障倍数					
7	获利能力比率	销售净利率					
8		资产净利率					
9		净资产收益率					
10	营运能力比率	应收账款周转率					
11		存货周转率					
12		总资产周转率					
13	合计						
14	综合评价结论：						

企业间财务状况比较分析-标准财务比例　综合评分表　杜邦系统分析模型　利润表分

图 11-5 "综合评分表"设计模型结构

采用财务比率综合分析法对企业进行综合财务分析时，一般分为以下几个步骤：

(1) 选择一套具有代表性的财务指标。

(2) 确定各项财务指标的标准评分值。

(3) 确定各项财务指标的行业标准值。

(4) 填写各项财务指标的实际值。

(5) 计算各项财务指标的关系比率：关系比率＝实际值/标准值。

(6) 计算各项财务指标的实际得分：实际得分＝标准评分值＊关系比率。

(7) 计算综合分数：为各财务指标的实际得分值之和。

(8) 根据综合分数的高低对企业的财务状况进行综合评判。

2. 杜邦系统分析法

杜邦系统是由美国杜邦公司的管理人员在实践中总结出来的一种指标分解体系，因此称之为杜邦系统。该系统是从综合性最强的净资产收益率指标出发，逐层进行指标分解，从而分析影响该指标的因素，以便找到提高净资产收益率的有效途径。

杜邦系统分析模型如图 11-6 所示。

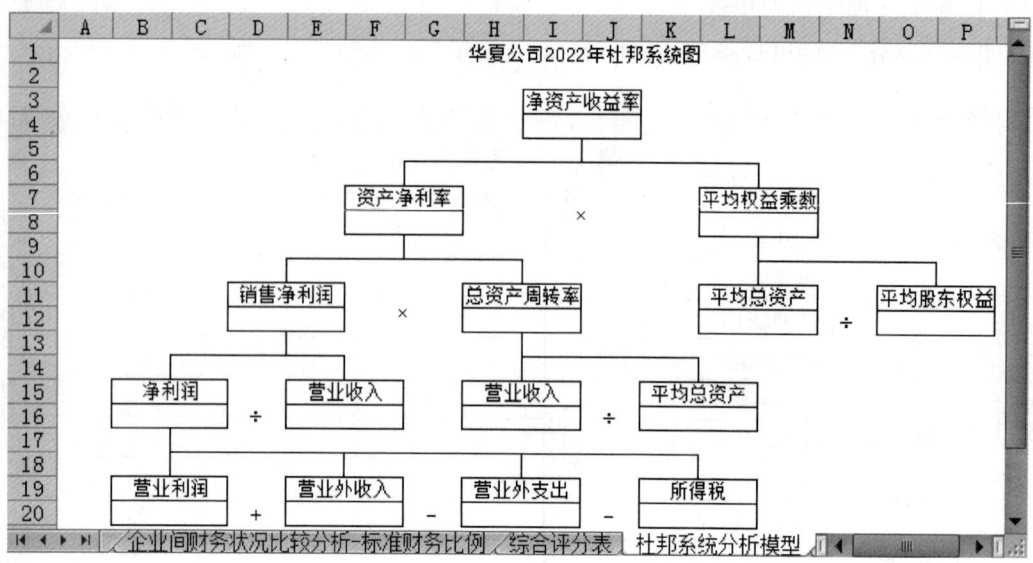

图 11-6　杜邦系统分析模型

 思考与练习

一、单项选择题

1. 以下比率指标中,属于长期偿债能力比率的是(　　)。

   A. 速动比率 　　　　　　　　　 B. 流动比率

   C. 现金比率 　　　　　　　　　 D. 资产负债率

2. 净资产收益率指标的公式为(　　)。

   A. 净利润/净资产平均总额

   B. 净利润/期末净资产额

   C. 净利润/资产平均总额

   D. 净利润/期初净资产额

3. 以下关于营运能力的描述,正确的是(　　)。

   A. 又称资产管理能力

   B. 反映企业赚取利润的能力

   C. 又称企业成长能力

   D. 又称变现能力

4. 财务比率综合分析法中,关系比率的公式为(　　　)。

A. 标准值/实际值

B. 实际值/标准值

C. 标准评分值/实际值

D. 实际值/标准评分值

5. 以下比率指标中,属于发展能力比率的是(　　　)。

A. 净资产收益率

B. 存货周转天数

C. 现金比率

D. 营业收入增长率

二、多项选择题

1. 财务报表分析模型包括(　　　)。

A. 资产负债表分析模型

B. 利润表分析模型

C. 现金流量表分析模型

D. 以上都不是

2. 财务分析的方法,通常包括(　　　)。

A. 纵向分析

B. 横向分析

C. 财务比率分析

D. 因素分析

3. 以下指标属于获利能力的有(　　　)。

A. 销售毛利率

B. 销售净利率

C. 资产净利润

D. 市净率

4. 以下指标属于营运能力的有(　　　)。

A. 流动资产周转率

B. 应收账款周转率

C. 总资产周转率

D. 存货周转天数

5. 以下属于杜邦系统分析法中的指标有(　　　)。

A. 销售净利润

B. 平均权益乘数

C. 资产净利率

D. 净资产收益率

三、判断题

1. 运用财务比率综合分析法,如果综合评分大于100,则表明该企业的财务状况比同行业平均水平好。　　　　　　　　　　　　　　　　　　　　　　(　　)

2. 标准财务比率中,一般流动比率为2,速动比率为1。　　　　　　　(　　)

3. 杜邦系统是由美国杜邦公司管理人员在实践中总结出来的,因此而得名。(　　)

4. 总资产增长率=(期末净资产-期初净资产)/期初净资产　　　　　(　　)

5. 存货周转天数＝365/存货周转率。 　　　　　　　　　　　　　　　（　　）

四、上机操作题

已知东海公司资产负债表如图 11-7 所示。

	A	B	C	D	E	F
1	资产负债表					
2	编制单位：东海公司	2022年12月31日			单位：万元	
3	资产	年末数	年初数	负债及所有者权益	年末数	年初数
4	流动资产			流动负债		
5	货币资金	820	780	短期借款	2 360	2 100
6	交易性金融资产	980	950	应付账款	1 980	1 900
7	应收账款	1 700	1 400	流动负债合计	4 340	4 000
8	存货	5 500	4 900	非流动负债		
9	流动资产合计	9 000	8 030	长期借款	1 700	1 470
10	非流动资产			应付债券	540	260
11	债权投资	650	570	非流动负债合计	2 240	1 730
12	长期应收款	350	150	负债合计	6 580	5 730
13	长期股权投资	900	720	所有者权益		
14	固定资产	13 150	12 600	股本（面值1元）	11 600	11 600
15	在建工程	700	890	资本公积	600	200
16	无形资产	850	500	盈余公积	1 860	1 700
17	非流动资产合计	16 600	15 430	未分配利润	4 960	4 230
18				所有者权益合计	19 020	17 730
19	资产总计	25 600	23 460	负债和所有者权益总计	25 600	23 460

资产负债表分析模型（指导书）公式　Sheet1

图 11-7　东海公司资产负债表

要求：建立东海公司的资产负债表分析模型，并计算出结果。

第二部分

思考与练习参考答案

第一章　Excel 基础知识

一、单项选择题

1	2	3	4	5	6	7	8	9	10
A	A	D	A	D	A	C	C	C	D

二、多项选择题

1	2	3	4	5
ABD	ACD	BC	BD	ABD

【解释】

第3题:在 Excel 中,"保护工作表"后默认情况下不能对单元格的格式、单元格的内容、行和列的格式等进行修改,所以选项 B、C 正确;若要使用户无法对工作表重命名或删除,须保护工作簿。

因此选择 BC。

三、判断题

1	2	3	4	5	6
×	√	√	×	×	×

四、上机操作题

1. 操作结果如下图所示。

	A	B	C	D
1	等差序列	等比序列	日期序列	自定义序列
2	1	2	2022/6/27	中国
3	2	6	2022/6/28	美国
4	3	18	2022/6/29	英国
5	4	54	2022/6/30	德国
6	5	162	2022/7/1	日本
7	6	486	2022/7/4	中国
8	7	1 458	2022/7/5	美国
9	8	4 374	2022/7/6	英国
10	9	13 122	2022/7/7	德国
11	10	39 366	2022/7/8	日本

2.

(1) 选中 D 和 E 两列,单击鼠标右键,在弹开的对话框中选择"隐藏"命令。

(2) 选中单元格区域 C6:C10,按 Delete 键。

(3) ① 选中单元格区域 C6:C10,单击"开始"|"单元格"|"设置单元格格式"|"保护"命令,将"锁定"前复选框取消;(或选择"审阅"|"更改"|"允许用户编辑区域"命令,打开"允许用户编辑区域"对话框,单击"新建",在"引用单元格"选择单元格区域 C6:C10,单击确定)。

② 选择"审阅"|"更改"|"保护工作表"命令,执行工作表保护。

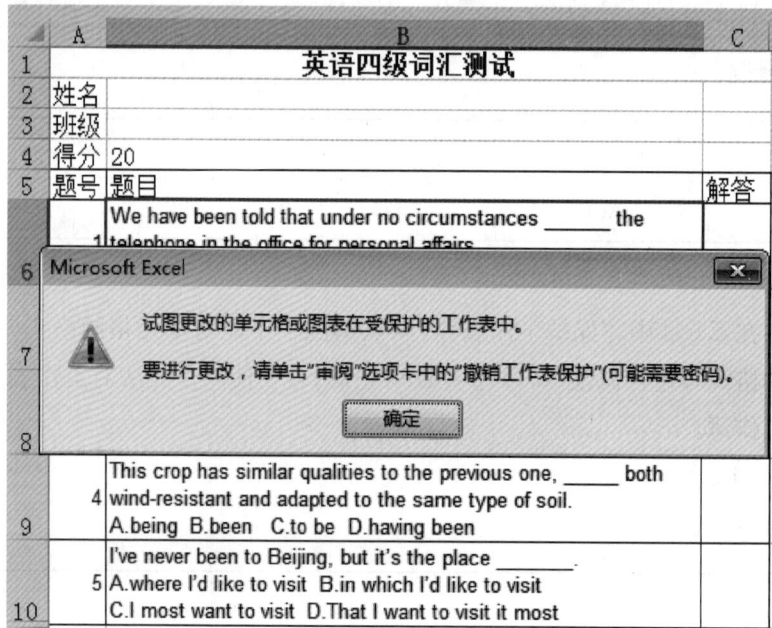

第二章　Excel 数据处理基础

一、单项选择题

1	2	3	4	5	6	7	8	9	10
C	D	D	B	B	B	C	D	A	C

【解释】

第5题:对单元中的公式进行复制时,相对地址中的偏移量、绝对地址中的地址表达式、绝对地址所引用的单元格不会发生变化,而相对地址所引用的单元格会发生变化。

因此选择 B。

第9题:使用文本运算符"&"可以将多个文本连接成组合文本。例如,在某单元格中输入公式"="中"&"国""时,结果为"中国"。

因此选择 A。

二、多项选择题

1	2	3	4	5	6	7	8	9	10
BC	ABC	ABCD	ABCD	ACD	ABCD	BCD	ABCD	ABCD	ABCD

三、判断题

1	2	3	4	5	6	7	8	9	10
×	×	√	√	√	×	√	×	√	√

四、上机操作题

1.

(1) 使用 SUM 函数求总分,AVERAGE 函数求平均分,MAX 函数求最大值,MIN 函数求最小值,然后按主要关键字"总分"降序排序,次要关键字"学号"升序排序,结果如下图所示。

	A	B	C	D	E	F	G	H	I	J	K
1	2022级部分学生成绩表										
2	学号	姓名	性别	数学	礼仪	计算机	英语	总分	平均分	最大值	最小值
3	202202	张磊	男	78	74	78	80	310	77.5	80	74
4	202201	孙志	男	72	82	81	62	297	74.25	82	62
5	202203	黄亚	女	80	70	68	70	288	72	80	68
6	202204	李峰	男	79	71	62	76	288	72	79	62
7	202206	张祥	女	78	71	70	52	271	67.75	78	52
8	202205	白梨	女	58	82	42	65	247	61.75	82	42

(2) 在"计算机"成绩列,选择自定义筛选,依次选择与输入"大于等于70""与""小于80",筛选结果如下图所示。

	A	B	C	D	E	F	G	H	I	J	K
1	2022级部分学生成绩表										
2	学号	姓名	性别	数学	礼仪	计算机	英语	总分	平均分	最大值	最小值
3	202202	张磊	男	78	74	78	80	310	77.5	80	74
4	202206	张祥	女	78	71	70	52	271	67.75	78	52

2. 输入比例计算公式,碳比例公式"= B2/SUM($B$2:$B$5)",使用"自动填充"功能复制公式,将氢、镁和氧比例公式填写完毕,然后创建分离型三维饼状图,如左图所示。

3.

(1) ① 选中单元格区域 A3：H51,单击"数据"|"排序和筛选"|"排序",在弹出的排序对话框中,"主要关键字"选择"销售地点",单击"确定"按钮。

② 选中单元格区域 A3：H51,单击"数据"|"分级显示"|"分类汇总",在弹出的分类汇总对话框中进行如下设置,单击"确定"按钮,即得到结果。

分类汇总 ? ✕

分类字段(A):

销售地点

汇总方式(U):

求和

选定汇总项(D):

☐ 销售日期
☐ 商品名称
☐ 销售单价
☑ 销售数量
☑ 销售收入（元）
☐ 销售地点

☑ 替换当前分类汇总(C)

☐ 每组数据分页(P)

☑ 汇总结果显示在数据下方(S)

全部删除(R)　确定　取消

1 2 3		A	B	C	D	E	F	G	H
	1								
	2				A公司2023年的销售数据				
	3	销售季度	销售日期	商品名称	销售单价	销售数量	销售收入（元）	销售地点	销售人员
+	10					2 800	9 374 000	北京 汇总	
+	17					2 700	7 515 000	南京 汇总	
+	24					2 000	1 870 000	上海 汇总	
+	31					2 100	6 867 000	沈阳 汇总	
+	38					2 000	4 726 000	太原 汇总	
+	45					2 400	8 550 000	天津 汇总	
+	52					2 500	13 520 000	武汉 汇总	
+	59					3 100	4 361 000	长春 汇总	
-	60					19 600	56 783 000	总计	

（2）① 选中单元格区域 A3：H51，单击"数据"|"排序和筛选"|"排序"，在弹出的排序对话框中，进行如下操作，单击"确定"按钮。

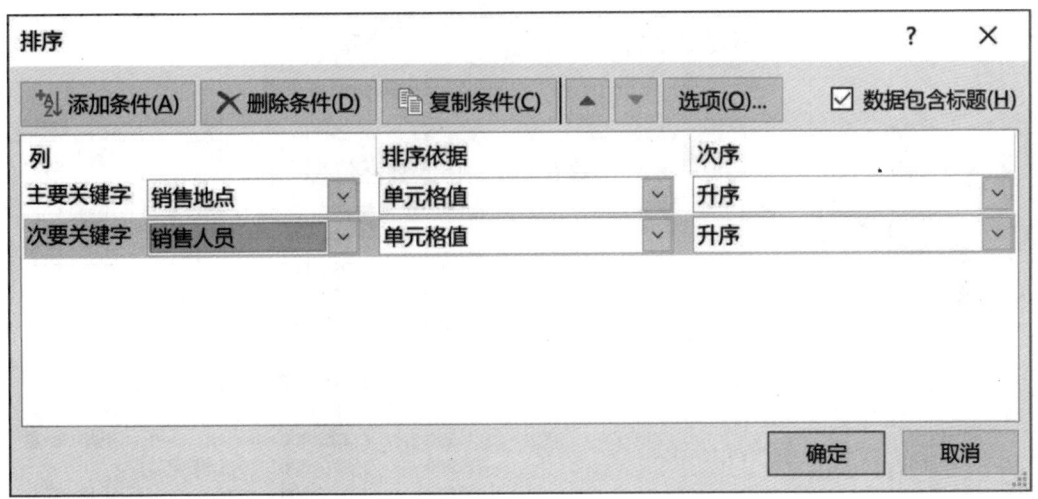

② 需要执行两次分类汇总，第一次分类汇总操作与（1）中②相同，第二次分类汇总对话框的设置如图所示，单击"确定"按钮，即得到结果。

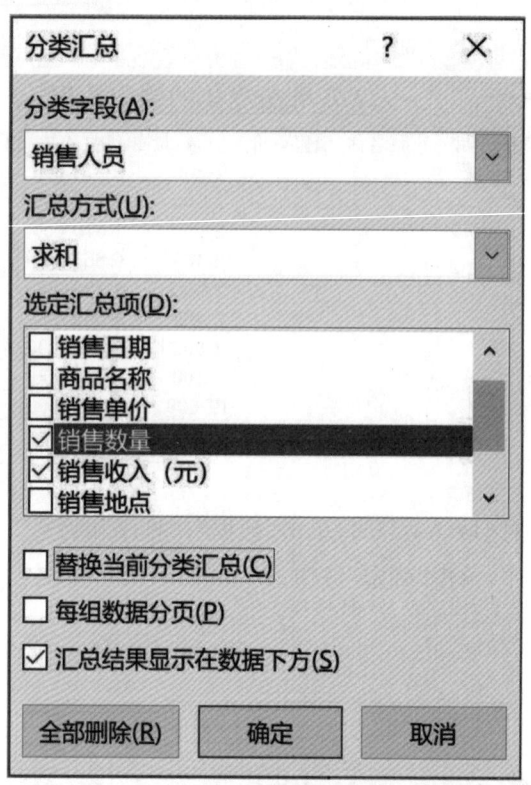

1 2 3 4	A	B	C	D	E	F	G	H
1					A公司2023年的销售数据			
2								
3	销售季度	销售日期	商品名称	销售单价	销售数量	销售收入（元）	销售地点	销售人员
7					1 300	2 084 000		李玲 汇总
11					1 500	7 290 000		刘新 汇总
12					2 800	9 374 000	北京 汇总	
16					1 500	435 000		程静 汇总
20					1 200	7 080 000		高玉 汇总
21					2 700	7 515 000	南京 汇总	
25					900	744 000		韩松 汇总
29					1 100	1 126 000		王华 汇总
30					2 000	1 870 000	上海 汇总	
34					1 100	3 427 000		唐旭 汇总
38					1 000	3 440 000		杨梅 汇总
39					2 100	6 867 000	沈阳 汇总	
43					900	2 760 000		戴军 汇总
47					1 100	1 966 000		田雪 汇总
48					2 000	4 726 000	太原 汇总	
52					1 100	3 880 000		李颖 汇总
56					1 300	4 670 000		刘立 汇总

（3）① 单击"插入"|"表格"|"数据透视表"|"表格和区域"，在弹出的对话框中进行如下设置，单击"确定"按钮，创建数据透视表空表框架。

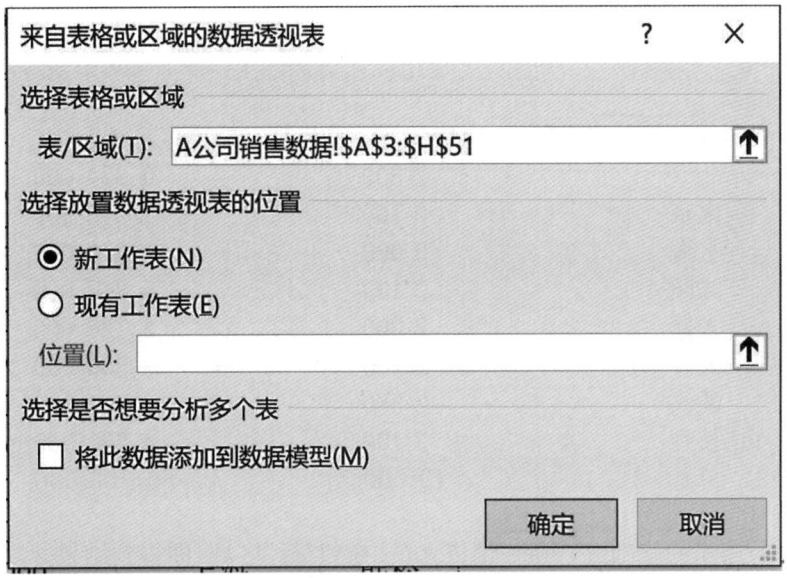

② 在数据透视表字段列表中,将"销售地点"拖到"行"区域,将"销售数量""销售收入(元)"拖到"值"区域,如下图所示,即得到结果。

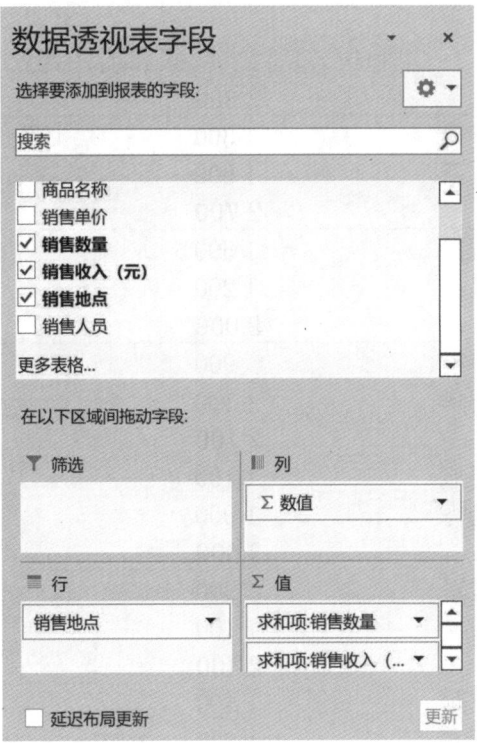

	A	B	C
1			
2			
3	行标签　▼	求和项:销售数量	求和项:销售收入（元）
4	北京	2 800	9 374 000
5	南京	2 700	7 515 000
6	上海	2 000	1 870 000
7	沈阳	2 100	6 867 000
8	太原	2 000	4 726 000
9	天津	2 400	8 550 000
10	武汉	2 500	13 520 000
11	长春	3 100	4 361 000
12	总计	19 600	56 783 000

（4）在（3）操作的基础上，再将"销售人员"拖到"行"区域，即得到结果。

	A	B	C
1			
2			
3	行标签　▼	求和项:销售数量	求和项:销售收入（元）
4	⊟北京	2 800	9 374 000
5	李玲	1 300	2 084 000
6	刘新	1 500	7 290 000
7	⊟南京	2 700	7 515 000
8	程静	1 500	435 000
9	高玉	1 200	7 080 000
10	⊟上海	2 000	1 870 000
11	韩松	900	744 000
12	王华	1 100	1 126 000
13	⊟沈阳	2 100	6 867 000
14	唐旭	1 100	3 427 000
15	杨梅	1 000	3 440 000
16	⊟太原	2 000	4 726 000
17	戴军	900	2 760 000
18	田雪	1 100	1 966 000
19	⊟天津	2 400	8 550 000
20	李颖	1 100	3 880 000
21	刘立	1 300	4 670 000

第三章　Excel 在会计核算中的应用

一、单项选择题

1	2	3	4	5	6	7	8	9
A	A	D	B	C	A	B	A	C

【解释】

第 2 题:公式"＝VLOOKUP(1.5,{1,2,3;4,5,6},2,1)"中,{1,2,3;4,5,6}是一个 2 行 3 列的数组常量,即为

1	2	3
4	5	6

,使用近似匹配搜索第 1 列中的值 1.5,在第 1 列中找到小于等于 1.5 的最大值 1,然后返回同一行中第 2 列的值 2。

因此选择 A。

第 3 题:公式"＝VLOOKUP(1.5,{1,2,3;4,5,6},2,0)"表示:使用精确匹配搜索数组常{1,2,3;4,5,6}第 1 列中的值 1.5,因为第 1 列中没有精确匹配的值,所以返回一个错误值。

因此选择 D。

二、多项选择题

1	2	3	4	5	6	7	8	9
AD	BD	ABCD	ABCD	ABCD	ABC	AD	AB	AB

【解释】

第 3 题:在 Excel2019 中,函数 CONCATENATE()、SUM()、AVERAGER()、MAX()、MIN()最多可设置 255 个参数。

因此选择 ABCD。

三、判断题

1	2	3	4	5	6	7	8	9	10
×	×	√	√	√	×	×	√	√	√

四、上机操作题

1.

（1）方法一：选择 C3 单元格，打开 IF 函数选项板，在 IF 函数 logica_test 自变量位置输入 B3≥60，在 value_if_true 自变量位置输入"及格"，在 value_if_false 自变量位置输入"不及格"，单击确定。则 C3 单元格的公式为"＝IF(B3≥60,"及格","不及格")"，将公式自动填充至该列。

方法二：D3 单元格的操作方法与上述类似，公式为"＝IF(B3＜60,"不及格","及格")"，将公式自动填充至该列。

（2）方法一：选择 E3 单元格，打开 IF 函数选项板，在 IF 函数 logica_test 自变量位置输入 B3＜60，在 value_if_true 自变量位置输入"不及格"，将光标移至 IF 函数 value_if_false 自变量位置，单击名称框下拉按钮，选择 IF 函数；打开 IF 函数选项板，在 IF 函数 logica_test 自变量位置输入 B3＜80，在 value_if_true 自变量位置输入"中等"，将光标移至 IF 函数 value_if_false 自变量位置，单击名称框下拉按钮，选择 IF 函数；打开 IF 函数选项板，在 IF 函数 logica_test 自变量位置输入 B3＜90，在 value_if_true 自变量位置输入"良好"，在 value_if_false 自变量位置输入"优秀"。则 E3 单元格的公式为"＝IF(B3＜60,"不及格",IF(B3＜80,"中等",IF(B3＜90,"良好","优秀")))"，将公式自动填充至该列。

方法二：F3 单元格的操作方法与上述类似，公式为"＝IF(B3≥90,"优秀",IF(B3≥80,"良好",IF(B3≥60,"中等","不及格")))"，将公式自动填充至该列。

	A	B	C	D	E	F
1	姓名	语文	语文及格性判断		语文等级判断	
2			法一	法二	法一	法二
3	张三	75	及格	及格	中等	中等
4	李四	45	不及格	不及格	不及格	不及格
5	王五	86	及格	及格	良好	良好
6	赵六	95	及格	及格	优秀	优秀
7	田七	58	不及格	不及格	不及格	不及格
8	唐八	80	及格	及格	良好	良好
9	孙九	92	及格	及格	优秀	优秀

2.

（1）在单元格区域 H1:K9 设置下列税率表。

	H	I	J	K
1	税率表			
2	应纳税范围	下限	税率	速算扣除数
3	不超过3 000元	0	3%	0
4	超过3 000元至12 000元的部分	3 000	10%	210
5	超过12 000元至25 000元的部分	12 000	20%	1 410
6	超过25 000元至35 000元的部分	25 000	25%	2 660
7	超过35 000元至55 000元的部分	35 000	30%	4 410
8	超过55 000元至80 000元的部分	55 000	35%	7 160
9	超过80 000元的部分	80 000	45%	15 160

(2) ① C3 单元格设置公式"＝IF(B3≤＝5 000,0,B3－5 000)",自动填充至本列。

② 在 D3 单元格设置公式"＝VLOOKUP(C3,$I$2:$K$9,2,true)",自动填充至本列。

③ 在 E3 单元格设置公式"＝VLOOKUP(C3,$I$2:$K$9,3,true)",自动填充至本列。

④ 在 F3 单元格设置公式"＝C3×D3－E3",自动填充至本列。

	A	B	C	D	E	F
1	个人所得税计算表					
2	姓名	应发工资	应纳税所得额	税率	速算扣除数	应纳税额
3	李飞	8 800	3 800	10%	210	170
4	白雪	7 818	2 818	3%	0	84.54
5	李正	7 670	2 670	3%	0	80.1
6	张力	8 450	3 450	10%	210	135
7	王沙	7 220	2 220	3%	0	66.6
8	孔丽	6 950	1 950	3%	0	58.5
9	赵阳	3 510	0	3%	0	0
10	齐磊	5 900	900	3%	0	27
11	牛玲	7 800	2 800	3%	0	84

3. 主要操作步骤如下:

(1) 输入的字段名称如下图所示。

	A	B	C	D	E	F	G	H	I	J
1	华夏公司会计凭证表									
2	年	月	日	序号	凭证编号	摘要	科目编号	科目名称	借方金额	贷方金额
3										
4										

A:D 列单元格数字格式设置为"文本",I:J 列单元格数字格式设置为"会计专用",

单元格 E3 中的公式"=CONCATENATE(A3,B3,C3,D3)"

单元格 G3 中的公式＝IF(H3="","",VLOOKUP(H3,第 3 题会计科目表!＄B＄2:＄C＄75,2,0))

（2）输入经济业务的会计凭证表（部分）如下图所示。

	A	B	C	D	E	F	G	H	I	J
1						华夏公司会计凭证表				
2	年	月	日	序号	凭证编号	摘要	科目编号	科目名称	借方金额	贷方金额
3	2022	12	01	01	2022120101	支付到期的商业承兑汇票	2201	应付票据	100 000.00	
4	2022	12	01	01	2022120101	支付到期的商业承兑汇票	1002	银行存款		100 000.00
5	2022	12	02	02	2022120202	购入原材料	1402	在途物资	160 000.00	
6	2022	12	02	02	2022120202	购入原材料	2221	应交税费	20 800.00	
7	2022	12	02	02	2022120202	购入原材料	1002	银行存款		180 800.00
8	2022	12	03	03	2022120303	材料验收入库	1403	原材料	110 000.00	
9	2022	12	03	03	2022120303	材料验收入库	1402	在途物资		110 000.00
10	2022	12	04	04	2022120404	支付采购材料价款	1403	原材料	99 800.00	
11	2022	12	04	04	2022120404	支付采购材料价款	2221	应交税费	12 974.00	
12	2022	12	04	04	2022120404	支付采购材料价款	1002	银行存款	226.00	
13	2022	12	04	04	2022120404	支付采购材料价款	1012	其他货币资金		113 000.00
14	2022	12	05	05	2022120505	领用材料	5001	生产成本	660 000.00	
15	2022	12	05	05	2022120505	领用材料	1403	原材料		660 000.00

（3）单击"插入"|"表格"|"数据透视表",数据透视表字段中进行如下布局:"筛选"区域:年,月;"行"区域:科目编号,科目名称;"值"区域:借方金额,贷方金额。

（4）在单元格 E4 中输入公式:

=IFNA(VLOOKUP(B4,第 3 题科目汇总表!＄B＄5:＄D＄40,2,0),0,)并将公式复制至该列。

在单元格 F4 中输入公式:

=IFNA(VLOOKUP(B4,第 3 题科目汇总表!＄B＄5:＄D＄40,3,0),0,)并将公式复制至该列。

在单元格 G4 中输入公式:＝IF(C4="","",C4＋E4－F4),并将公式复制至该列。

在单元格 H14 中输入公式:＝IF(D4="","",D4＋F4－E4),并将公式复制至该列。

操作结果如下图所示（部分）。

	A	B	C	D	E	F	G	H
1					华夏公司总分类账			
2	科目编号	科目名称	期初余额		本期发生额		期末余额	
3			借方	贷方	借方	贷方	借方	贷方
4	1001	库存现金	5 000.00		500 000.00	500 000.00	5 000.00	
5	1002	银行存款	2 660 000.00		974 022.00	1 153 511.10	2 480 514.90	
6	1012	其他货币资金	128 000.00		—	111 000.00	15 000.00	
7	1101	交易性金融资产	25 000.00		—	25 000.00	—	
8	1121	应收票据	246 000.00		—	—	246 000.00	
9	1122	应收账款	400 000.00		339 000.00	151 000.00	588 000.00	
10	1123	预付账款	100 000.00		—	—	100 000.00	
11	1131	应收股利	—		—	—	—	
12	1132	应收利息	—		—	—	—	
13	1221	其他应收款	4 000.00		—	—	4 000.00	
14	1231	坏账准备		1 200.00		600.00		1 800.00

（5）资产负债表操作结果如下图所示。

	A	B	C	D	E	F
1				资产负债表		
2	编制单位：华夏公司	2022年	12月	31日		单位：元
3	资产	期末余额	上年年末余额	负债及所有者权益	期末余额	上年年末余额
4	流动资产			流动负债		
5	货币资金	2 500 514.90		短期借款	90 000.00	
6	交易性金融资产			交易性金融负债		
7	衍生金融资产			衍生金融负债		
8	应收票据	246 000.00		应付票据	200 000.00	
9	应收账款	586 200.00		应付账款	916 000.00	
10	应收款项融资			预收款项		
11	预付款项	100 000.00		合同负债		
12	其他应收款	4 000.00		应付职工薪酬	342 000.00	
13	存货	2 949 700.00		应交税费	88 759.90	
14	合同资产			其他应付款	66 600.00	
15	持有待售资产			持有待售负债		
16	一年内到期的非流动资产			一年到期的非流动负债		
17	其他流动资产			其他流动负债		
18	流动资产合计	6 386 414.90		流动负债合计	1 703 359.90	
19	非流动资产			非流动负债		
20	债权投资	250 000.00		长期借款	1 610 000.00	
21	其他债权投资			应付债券		
22	长期应收款			其中：优先股		
23	长期股权投资			永续债		
24	其他权益工具投资			租赁负债		
25	其他非流动金融资产			长期应付款		
26	投资性房地产			预计负债		
27	固定资产	4 466 470.00		递延收益		
28	在建工程			递延所得税负债		
29	生产性生物资产			其他非流动负债		
30	油气资产			非流动负债合计	1 610 000.00	
31	使用权资产			负债合计	3 313 359.90	
32	无形资产	590 000.00		所有者权益（或股东权益）		
33	开发支出			实收资本（或股本）	6 000 000.00	
34	商誉			其他权益工具		
35	长期待摊费用			其中：优先股		
36	递延所得税资产			永续债		
37	其他非流动资产			资本公积	593 000.00	
38	非流动资产合计	5 306 470.00		减：库存股		
39				其他综合收益		
40				专项储备		
41				盈余公积	272 132.50	
42				未分配利润	1 514 392.50	
43				所有者权益（或股东权益）合计	8 379 525.00	
44	资产总计	11 692 884.90		负债和所有者权益（或股东权益）总计	11 692 884.90	

（6）利润表操作结果如下图所示。

	A	B	C
1	利润表		
2	编制单位：华夏公司　　　　2021年	12月	单位：元
3	项　　目	本期金额	上期金额
4	一、营业收入	1 000 000.00	
5	减：营业成本	600 000.00	
6	税金及附加	2 000.00	
7	销售费用	20 000.00	
8	管理费用	47 100.00	
9	研发费用		
10	财务费用	21 500.00	
11	其中：利息费用		
12	利息收入		
13	加：其他收益		
14	投资收益（损失以"－"号填列）	5 000.00	
15	其中：对联营企业和合营企业的投资收益		
16	以摊余成本计量的金融资产终止确认收益（损失以"－"号填列）		
17	净敞口套期收益（损失以"－"号填列）		
18	公允价值变动收益（损失以"－"号表示）		
19	信用减值损失（损失以"－"号填列）	-600.00	
20	资产减值损失（损失以"－"号表示）		
21	资产处置收益（损失以"－"号表示）	18 700.00	
22	二、营业利润（亏损以"－"号表示）	332 500.00	
23	加：营业外收入		
24	减：营业外支出		
25	三、利润总额	332 500.00	
26	减：所得税费用	73 775.00	
27	四、净利润	258 725.00	
28	（一）持续经营净利润（净亏损以"－"号表示）		
29	（二）终止经营净利润（净亏损以"－"号表示）		
30	五、其他综合收益的税后净利润		
31	（一）不能重分类进损益的其他综合收益		
32	（二）将重分类进损益的其他综合收益		
33	六、综合收益总额		
34	七、每股收益		
35	（一）基本每股收益		
36	（二）稀释每股收益		

第四章　Excel 在工资管理中的应用

一、单项选择题

1	2	3	4
B	A	A	A

【解释】

第1题：身份证号有18位数，故为防止位数输入错误，检验输入内容的"文本长度"是否为"18"。

因此选择 B。

第2题：性别只有"男"和"女"，在输入性别时，可以限定输入内容只允许是"男"和"女"这两个值组成的序列。

因此选择 A。

第 3 题:输入公式"=ROUND(2.5,0)",则对数值"2.5"在整数位四舍五入,结果为"3"。

因此选择 A。

二、多项选择题

1	2	3	4
ABCD	ACD	CD	AB

【解释】

第 2 题:数据验证的有效性条件可以设置"允许"为整数、序列、日期及文本长度等,排序为干扰项。

因此选择 ACD。

第 3 题:选项 A"=ROUND(2.455,2)"的返回值为 2.46;选项 B"=ROUND(2.453,−1)"的返回值为 0。

因此选择 CD。

三、上机操作题

1.

(1)~(4)(略)。

(5) 设置应发工资、个人所得税及实发工资三个项目的操作步骤如下:

① 在 F3 单元格设置公式"=ROUND(D3+E3,2)",并自动填充至本列。

② 在 I3 单元格设置公式"=ROUND(MAX((F3−G3−5 000)∗{0.03,0.1,0.2,0.25,0.3,0.35,0.45}−{0,105,555,1 005,2 755,5 505,13 505},0),2)",自动填充至本列。

③ 在 J3 单元格设置公式"=ROUND(F3−G3−I3,2)",自动填充至本列。

2.

(1)(略)。

(2) 用 VLOOKUP 函数实现按照员工编码查询工资数据的操作步骤如下:

① 新建工作表,并设置好待查询工资项目。

② B2 单元格设置公式如下图所示,输入员工编码后,显示姓名为"许飞",注意单元格的绝对引用。

编码	姓名	类别	应发工资	个人社保	个人所得税	实发工资	
1001							

③ 将公式复制到其他单元格,并修改好"col_index_num"参数,全部设置好后如下图所示。

（3）利用数据透视表按部门及员工类别汇总应发工资、个人社保、个人所得税及实发工资操作步骤如下:

① 选择"插入"|"数据透视表"命令,选择需要汇总的数据区域,并选择产生在新建的工作表上。

② 选择需要添加到报表的字段,分别选择"部门"和"类别"拖到"行"区域;选择"应发工资""个人社保""个人所得税""实发工资"拖到"值"区域。对"值字段设置"进行设置后,可生成如下汇总表。

	A	B	C	D	E
1	工资项目	应发工资汇总	个人社保汇总	个人所得税汇总	实发工资汇总
2	⊟办公室	7 900	604.8	68.86	7 226.34
3	管理人员	7 900	604.8	68.86	7 226.34
4	⊟仓管部	8 500	465	0	8 035
5	管理人员	8 500	465	0	8 035
6	⊟生产车间	17 548	985.9	6.89	16 555.21
7	车间管理	5 600	370.2	6.89	5 222.91
8	基本生产	11 948	615.7	0	1 1332.3
9	⊟销售部	19 300	1 365.6	88.03	17 846.37
10	销售人员	19 300	1 365.6	88.03	17 846.37
11	总计	53 248	3 421.3	163.78	49 662.92

第五章　Excel 在固定资产管理中的应用

一、单项选择题

1	2	3	4	5
C	A	B	B	D

【解释】

第 2 题:SYD 函数的语法 SYD(cost，salvage，life，per)中 cost 参数的含义是固定资

产的购置成本；salvage 参数的含义是固定资产的残值；life 参数的含义是固定资产的使用年限；per 参数的含义是需要计算的某段时期。

因此选择 A。

二、判断题

1	2	3	4	5
×	√	×	×	√

【解释】

第 3 题：SYD 函数的各参数必须全部为正数。

因此为×。

三、简答题

答：企业采用什么折旧方法从静态的角度来说并没有什么区别，因为在利润率和适用所得税率不变的情况下，企业的固定资产损耗总是要补偿的。而从动态的角度来分析，就有不同折旧方法所补偿的时间早晚之分。所以在不同的税制条件下，不同的折旧方法所产生的效果也是不同的。

四、上机操作题

1. 采用直线法计提折旧用 SLN 函数，采用年数总和法用 SYD 函数，计提折旧结果如下图所示。

	A	B	C	D	E
2	折旧法	直线折旧法（SLN）		年数总和法（SYD）	
3		折旧金额	剩余价值	折旧金额	剩余价值
4	0年	￥0	￥80 000	￥0	￥80 000
5	1年	￥14 000	￥66 000	￥23 333	￥56 667
6	2年	￥14 000	￥52 000	￥18 667	￥38 000
7	3年	￥14 000	￥38 000	￥14 000	￥24 000
8	4年	￥14 000	￥24 000	￥9 333	￥14 667
9	5年	￥14 000	￥10 000	￥4 667	￥10 000

2. 选择"插入"选项卡下的"表格"组内的"数据透视表"|"表格和区域"命令，即可打开"来自表格和区域的数据透视表"对话框，选择要分析数据的数据源区域，放置数据透视表的位置为"新工作表"。将"使用部门"拖至"行"区域，将"固定资产类别"拖至"列"区域，将"购置成本"拖至"值"区域，需要的数据透视表就建立好了，如下图所示。

	A	B	C	D	E	F	G
1	求和项:购置成本	列标签					
2	行标签	包装机器	笔记本电脑	厂房	车床	货运卡车	总计
3	计划处		64 000				64 000
4	生产车间		64 000	6 000 000	785 000		6 849 000
5	运输部门		32 000			1 635 600	1 667 600
6	装配车间	36 800	32 000				68 800
7	总计	36 800	192 000	6 000 000	785 000	1 635 600	8 649 400

第六章　Excel 在货币时间价值中的应用

一、单项选择题

1	2	3	4
A	C	B	A

二、判断题

1	2	3	4
√	√	×	×

三、上机操作题

1. 先付年金现值模型如下图所示。

	A	B	C	D	E
1	已知条件			计算结果	
2	年金（元）	450 000		先付年金现值	¥1 275 026.70
3	期限（年）	3			
4	年利率	6%			

选择 E2 单元格，输入公式"＝PV(B4,B3,－B2,,1)"。

2. 先付年金现值模型如下图所示。

	A	B	C	D	E
1	已知条件			计算结果	
2	年金（元）	1500		先付年金现值	¥35 658.74
3	期限（年）	2			
4	月利率	0.083%			

选择 E2 单元格,输入公式"＝PV(B4,B3＊12,－B2,,1)"。

3.

(1) 建立的模型如下图所示。

	A	B	C	D
1	项目	方案一	方案二	方案三
2	利率（年）		5%	5%
3	期限（年）		10	10
4	年金			12
5	终值		150	
6	付期时点			0
7	现值	100		

(2) C7＝PV(C2,C3,,－C5)

D7＝PV(D2,D3,－D4,,D6)

第七章　Excel 在证券投资中的应用

一、单项选择题

1	2	3	4	5
A	D	B	C	A

【解释】

第 1 题:SUMPRODUCT 函数是数学和三角函数。

因此选择 A。

第 3 题:使用资本资产定价模型计算投资收益率。

因此选择 B。

第 4 题:rate 表示有价证券的年票面利率。

因此选择 C。

二、多项选择题

1	2	3	4
AB	AB	BC	ABCD

【解释】

第 1 题:选项 C 为 4 年期债券,选项 D 为 2 年期债券。

因此选择 AB。

第 2 题:选项 C、D 用来计算债券的收益率。

因此选择 AB。

第 3 题:可以使用资本资产定价模型和权重两种方法来计算证券的收益率。

因此选择 BC。

三、判断题

1	2	3	4	5
√	×	×	√	√

【解释】

第 2 题:YIELD 函数是财务函数。

因此为×。

第 3 题:如果按季支付,参数 frequency 等于 4。

因此为×。

四、上机操作题

1.

(1) 计算持有至到期的投资收益率,利用 RATE 函数计算。选择 E4 单元格,单击 "公式"|"财务"|"RATE"命令,打开"函数参数"界面;设置 RATE 函数的相关参数,"= RATE(B5 * 2,B3 * B4/2,−B6,B3,0)"按回车键,则得到 A 债券的投资收益率。

(2) 计算提前赎回情况的投资收益率,利用 RATE 函数计算。选择 E10 单元格,单击 "公式"|"财务"|"RATE"命令,打开"函数参数"界面;设置 RATE 函数的相关参数,"= RATE(E9 * 2,B3 * B4/2,−B6,E8,0)"按回车键,则得第四年提前赎回时的投资收益率。

	A	B	C	D	E
1	已知条件:			计算结果:	
2	债券名称	A债券		债券投资收益率	
3	面值（元）	1 000		债券名称	A债券
4	票面年利率	12%		利用RATE函数计算	5.18%
5	期限（年）	10			
6	发行价格	1 100			
7	每年付息次数（次）	2		第四年提前赎回	
8	日基数基准	3		赎回价	1 060
9	发行日期	2013年1月1日		赎回期	4
10	到期日	2023年1月1日		债券投资收益率	5.07%

2.

（1）选择 G2 单元格，输入公式"＝SUMPRODUCT（B3：D3，B4：D4）"，或者单击"公式"|"数学和三角函数"|"SUMPRODUCT"命令，打开"函数参数"界面；设置 array1 参数值为 B3：D3；array2 参数值为 B4：D4。

（2）选择 G3 单元格，输入公式"＝B6＋（B5－B6）＊G2"，则得到组合风险收益率的计算结果。

	A	B	C	D	E	F	G
1	已知条件：					计算结果：	
2		A股票	B股票	C股票		证券组合的β系数	2.02
3	β系数	3	1.5	0.7		组合风险收益率	26.20%
4	权重	40%	50%	10%			
5	市场平均收益率	16%					
6	无风险收益率	6%					

3.

（1）方法一：利用 PV 函数计算。选择 E4 单元格，单击"公式"|"财务"|"PV"命令，打开"函数参数"界面；设置 PV 函数的相关参数，公式"＝PV（B7/2，B5＊2，－B3＊B4/2，－B3）"按回车键，则得到 A 债券的价值。

（2）方法二：利用 PRICE 函数计算。选择 E5 单元格，单击"公式"|"财务"|"PRICE"命令，打开"函数参数"界面；设置 PRICE 函数的相关参数，公式为"＝PRICE（B8，B9，B4，B7，B3/20，2）＊20"按回车键，则得到 A 债券的价值。

	A	B	C	D	E
1	已知条件：			计算结果：	
2	债券名称	A债券		债券价值	
3	面值（元）	2 000		债券名称	A债券
4	票面年利率	6%		利用PV函数计算	2043.20
5	期限（年）	5		利用PRICE函数计算	2043.20
6	每年付息次数（次）	2			
7	市场利率	5.5%			
8	发行日期	2018年1月1日			
9	到期日	2023年1月1日			

第八章　Excel 在筹资决策中的应用

一、单项选择题

1	2	3	4	5
C	C	D	A	B

【解释】

第 2 题:该函数返回数据点的线性回归线的斜率。

因此选择 C。

二、多项选择题

1	2	3	4
ABCD	ABC	AB	ABC

【解释】

第 2 题:选项 D 为查找与引用函数。

因此选择 ABC。

第 4 题:选项 A 为 A 方案的综合资本成本,选项 B 为 B 方案的综合资本成本,选项 C 为 C 方案的综合资本成本。

因此选择 ABC。

三、判断题

1	2	3	4	5
√	√	√	×	×

【解释】

第 4 题:TREND 函数是统计函数,不是数学和三角函数。

因此为×。

第 5 题:用来计算线性回归分析法中的参数 a。

因此为×。

四、上机操作题

1.

(1) 根据案例资料的已知条件将资产负债表的相关信息输入,并建立计算区域,分析资产负债表各项是否为敏感项目。根据题目可知,公司流动资产与流动负债都是敏感项目,将结果分别录入 B13:B17 单元格区域和 E13:E17 单元格区域,如图所示。其中,H5 单元格的计算公式为"=G5 * (1+30%)"。

(2) 使用函数计算敏感项目的销售收入百分比。选择 C13 单元格,单击"公式"|"逻辑"|"IF"命令,打开"函数参数"界面;设置公式"=IF(B13="是",B4/$G$5,"不适用")"按回车键,则得到货币资金占及其销售收入的百分比。并将此公式填充至 C14:C17 单元格区域。选择 C18 单元格,使用求和公式计算合计数。同理,设置 F13:F18 的计算公式。

(3) 计算资金需要量。选择 E11 单元格,输入公式"=(C18−F17) * (H5−G5)−

H5＊H6＊(1－H7)"按回车键,则得出外部资金需要量的计算结果,如下图所示。

	A	B	C	D	E	F	G	H
1	已知条件:							
2		2022年资产负债表		单位:万元			其他相关数据	
3	资产	期末余额	负债及所有者权益	期末余额				单位:万元
4	货币资金	20 000.00	应付账款	150 000.00			2022年	2023年预计
5	应收账款	170 000.00	长期借款	230 000.00		销售收入	1 000 000.00	1 500 000.00
6	存货	200 000.00	实收资本	400 000.00		销售净利率	4.0%	4.0%
7	固定资产	300 000.00	资本公积	20 000.00		股利支付率	40.0%	40.0%
8	无形资产	110 000.00						
9	资产总计	800 000.00	负债与所有者权益总计	800 000.00				
10								
11	计算结果:		2023年外部资金需求量(万元):		159000.00			
12	资产项目	是否敏感	占基期销售收入百分比	权益项目	是否敏感	占基期销售收入百分比		
13	货币资金	是	0.02	应付账款	是	0.15		
14	应收账款	是	0.17	长期借款	否	不适用		
15	存货	是	0.2	实收资本	否	不适用		
16	固定资产净值	否	不适用	资本公积	否	不适用		
17	无形资产	否	不适用					
18	合计		0.39	合计		0.15		

2.

方法一:高低点法

(1) 根据案例资料的已知条件输入相关信息,并建立计算区域。使用 MAX 函数找出高点,选择 F4 单元格,设置公式为"＝MAX(B4:B8)";使用 MIN 函数找出低点,选择 F5 单元格,设置公式为"＝MIN(B4:B8)"。

(2) 使用 INDEX 函数找出高点的对应占用资金。选择 G4 单元格,设置公式为"＝INDEX(C4:C8,MATCH(F4,B4:B8))",选择 G5 单元格,设置公式为＝INDEX(C4:C8, MATCH(F5,B4:B8));

(3) 分别计算 Δy 和 Δx 的值:选择 G6 单元格,设置公式"＝G4－G5";G7 单元格,设置公式"＝F4－F5"。

(4) 分别计算参数 b 和参数 a 的值:选择 G8 单元格,设置公式"＝G6/G7";G9 单元格,设置公式"＝G4－G8＊F4"或"＝G5－G8＊F5"。

(5) 计算预计资金需要量。选择 G11 单元格,设置公式"＝G9＋G8＊C9",则得出华夏公式 2016 年资金需求量为 1183.33 万元,如下图所示。

方法二:线性回归法

(1) 根据案例资料的已知条件输入相关信息,并建立计算结果区域。在 G3 单元格中输入公式"＝SLOPE(C4:C9,B4:B9)"按回车键,则得到 b 的值。在 G4 单元格中输入公式"＝INTERCEPT(C4:C9,B4:B9)"按回车键,则得到 a 的值。

(2) 计算外部资金需要量

方法一:使用"$y＝a＋bx$"公式计算资金需要量。选择 G7 单元格,输入公式"＝G4＋G3＊C10"按回车键,则得到 y 的值,即外部资金需要量。

	A	B	C	D	E	F	G
1	已知条件:				计算结果:		
2	华夏公司销量和资金占用变化情况				高低点法预测资金需要量(y=a+bx)		
3	年度	产量 (x万台)	资金占用 (y万元)			产量 (x万台)	资金占用 (y万元)
4	2018	80	850		高点	140	1100
5	2019	100	900		低点	80	850
6	2020	120	1 000		Δy		250
7	2021	130	1 050		Δx		60
8	2022	140	1 100		计算参数b		4.17
9	2023年预计产量（万台）		160		计算参数a		516.67
10							
11					2023年预测资金需要量(万元)		1 183.33

方法二:使用 TREND 函数计算资金需要量。选择 G8 单元格,输入公式"＝TREND(C4:C9,B4:B9,C10)"按回车键,则得到 y 的值,即外部资金需要量。计算结果如下图所示。

	A	B	C	D	E	F	G
1	已知条件:				计算结果:		
2	华夏公司销售量和资金占用变化情况				回归分析法预测资金需要量(y=a+bx)		
3	年度	产量 (x万台)	资金占用 (y万元)		计算参数b		4.27
4	2018	80	850		计算参数a		493.53
5	2019	100	900				
6	2020	120	1 000		2023年预测资金需要量		
7	2021	130	1 050		y=a+bx的计算结果		1 176.29
8	2022	140	1 100		TREND函数计算结果		1 176.29
9							
10	2023年预计产量（万件）		160				

3.

(1) 根据案例资料的已知条件输入相关信息,并建立计算结果区域。在 C5 单元格中输入公式"＝B5/＄B＄9"按回车键,则得到甲方案长期借款的权重的值。同理,将此公式填充至 C6:C8 以及 F5:F8 单元格区域。

(2) 选择 G4 单元格,设置公式为"＝SUMPRODUCT(C5:C8,D5:D8)"按回车键,则得到甲方案的资本成本。同理,计算乙方案的综合资本成本。根据计算结果可知应选择乙方案。计算结果如下图所示。

	A	B	C	D	E	F	G	H	I	J
1	已知条件:								计算结果:	
2	筹资方式	甲方案			乙方案					
3		筹资额（万元）	权重	资本成本率	筹资额（万元）	权重	资本成本率			资本成本
4									甲方案	11.90%
5	长期借款	50	0.1	5%	100	0.2	6%		乙方案	10.84%
6	发行债券	150	0.3	9%	100	0.2	7%			
7	优先股	50	0.1	12%	80	0.16	13%			
8	普通股	250	0.5	15%	220	0.44	14%			
9	合计	500	1		500	1				

4.

（1）根据案例资料的已知条件输入相关信息，并建立计算结果区域。在 B15 单元格中输入公式"＝C9"按回车键，在 B16 单元格中输入公式"＝D9"按回车键；在 C15 单元格中输入公式"＝C4＊0.1"按回车键，在 C16 单元格中输入公式"＝D4＊0.1"按回车键；则得到两种方案的股数和利息。

（2）选择 D15 单元格，设置公式为"＝（＄C＄11－C15）＊（1－＄C＄10）/B15"按回车键，则得到 A 方案的每股利润。同理，将此公式填充至 D16 单元格，则得出 B 方案的每股利润。

（3）选择 B17 单元格，设置公式"＝INDEX（A15:A16，MATCH（MAX（D15:D16），D15:D16））"。根据计算结果可知应选择 B 方案。计算结果如下图所示。

	A	B	C	D
1	已知条件：			
2	现有资本结构		增加筹资后资本结构	
3			增发普通股（A方案）	发行债券（B方案）
4	债券（利率10%）	200	200	600
5	普通股（面值8元）	640	960	640
6	资本公积	100	180	100
7	留存收益	60	60	60
8	资金总额合计	1 000	1 400	1 400
9	普通股股数（万股）	80	120	80
10	所得税税率		25%	
11	预计息税前利润（万元）		210	
12				
13	计算结果：			
14	筹资方式	股数	利息	每股利润
15	增发普通股（A方案）	120	20	1.1875
16	发行债券（B方案）	80	60	1.406 25
17	最优筹资方案：	发行债券（B方案）		

第九章　Excel 在投资决策中的应用

一、单项选择题

1	2	3	4	5
C	B	C	A	A

二、多项选择题

1	2	3	4	5
BC	AD	ABCD	BD	BCD

三、判断题

1	2	3	4	5
√	×	×	√	×

四、上机操作题

1. 在单元格区域 A9：L21 建立如下模型，并进行操作：

（1）在单元格 B11 中输入公式＝－B2；在单元格 J12 中输入公式＝B3；在单元格 B13 中输入公式＝－B4；在单元格 J14 中输入公式＝B4。

（2）选择单元格区域 C15：J15 输入数组公式＝C6：J6。

（3）选择单元格区域 C16：J16 输入数组公式＝C7：J7。

（4）选择单元格区域 C17：J17 输入数组公式＝（B2－B3）/J5。

（5）选择单元格区域 C18：J18 输入数组公式＝C15：J15－C16：J16－C17：J17。

（6）选择单元格区域 C19：J19 输入数组公式＝C18：J18＊E2。

（7）选择单元格区域 C20：J20 输入数组公式＝C18：J18－C19：J19。

（8）选择单元格区域 C21：J21 输入数组公式＝C20：J20＋C17：J17。

（9）在单元格 B22 中输入公式＝B11＋B13，选择单元格区域 C22：I22 输入数组公式＝C21：I21；在单元格 J22 中输入公式＝J12＋J14＋J21。

（10）在单元格 L11 中输入公式＝NPV（E3,C22：J22）＋B21。

（11）在单元格 L12 中输入公式＝NPV（E3,C22：J22）/－B21。

（12）在单元格 L13 中输入公式＝IRR（B22：J22）。

（13）在单元格 L14 中输入公式＝IF（L11＞0,"可行","不可行"）。

操作结果如下图所示。

9	计算与评价结果（金额单位：万元）									
10	年份	0	1	2	3	4	5	6	7	8	评价指标的计算及评价结果	
11	期初固定资产投资	-260									净现值	452.31
12	固定资产残值								60		获利指数	1.62
13	期初垫支营运资金	-20									内部收益率	23.23%
14	营运资金回收									20	项目的可行性评价	可行
15	销售收入		120	130	150	180	200	200	210	220		
16	付现成本		42	48	60	72	90	96	108	114		
17	年折旧		25	25	25	25	25	25	25	25		
18	税前利润		53	57	65	83	85	79	77	81		
19	所得税		13.25	14.25	16.25	20.75	21.25	19.75	19.25	20.25		
20	税后净利润		39.75	42.75	48.75	62.3	63.75	59.3	57.75	60.75		
21	营业现金流量		64.75	67.75	73.75	87.25	88.75	84.25	82.75	85.75		
22	净现金流量	-280	64.75	67.75	73.75	87.25	88.75	84.25	82.75	165.75		

2. 在单元格区域 E1:G17 建立如下模型,并进行操作:

(1) 在单元格 F3 中输入公式＝B10;并将公式复制到单元格 G3。

(2) 在单元格 F4 中输入公式＝B3－B8＊B6;并将公式复制到单元格 G4。

(3) 在单元格 F5 中输入公式＝(F4－F3)＊$B$12;并将公式复制到单元格 G5。

(4) 在单元格 F6 中输入公式＝F3＋F5;并将公式复制到单元格 G6。

(5) 在单元格 F7 中输入公式＝B9;并将公式复制到单元格 G7。

(6) 在单元格 F8 中输入公式＝B8;并将公式复制到单元格 G8。

(7) 在单元格 F9 中输入公式＝F7＊(1－$B$12);并将公式复制到单元格 G9。

(8) 在单元格 F10 中输入公式＝F8＊$B$12;并将公式复制到单元格 G10。

(9) 在单元格 F11 中输入公式＝F9－F10;并将公式复制到单元格 G11。

(10) 在单元格 F12 中输入公式＝B11;并将公式复制到单元格 G12。

(11) 在单元格 F13 中输入公式＝B4;并将公式复制到单元格 G13。

(12) 在单元格 F14 中输入公式＝(F12－F13)＊$B$12;并将公式复制到单元格 G14。

(13) 在单元格 F15 中输入公式＝F12－F14;并将公式复制到单元格 G15。

(14) 在单元格 F16 中输入公式＝(F6－PV($B$13,B7,,－F15))/PV($B$13,B7,－1)＋F11;并将公式复制到单元格 G16。

(15) 在单元格 F17 中输入公式＝IF(F16<G16,"使用旧设备",IF(F16>G16,"更换新设备","使用新旧设备都可以"))。

操作结果如下图所示。

	E	F	G
1	计算过程与决策结果		
2	项目	旧设备	新设备
3	目前变现价值	20000	50000
4	目前账面价值	28000	50000
5	变现抵税	2000	0
6	初始流出	22000	50000
7	年付现成本	10000	6000
8	年折旧额	5000	8000
9	税后付现成本	7500	4500
10	折旧抵税	1250	2000
11	税后运行成本	6250	2500
12	报废残值收入	3000	3000
13	税法残值	3000	2000
14	报废收入纳税	0	250
15	终结流入	3000	2750
16	平均年成本	11562.15	13623.95
17	决策结论	使用旧设备	

第十章　Excel 在流动资产管理中的应用

一、单项选择题

1	2	3	4
A	D	C	B

【解释】

第 1 题：在 Excel2019 功能区的各项选项卡中，并没有"规划求解"这个命令，因此，在 Excel2019 中必须以自定义方式将数据列表命令取出后，才可以执行该命令。单击"文件"|"选项"|"加载项"|"规划求解加载项"。

因此选择 A。

第 3 题：理论上确定最佳现金持有量的方法有成本模式和存货模式，在 Excel 中出来上述两种方法外，还可借助规划求解工具。

因此选择 C。

二、判断题

1	2	3	4
×	×	√	√

三、上机操作题

1. 建立成本模式下的最佳现金持有量模型。如下图所示。

	A	B	C	D	E
1		已知条件			
2	项目	A	B	C	D
3	现金持有量	10 000	20 000	30 000	40 000
4	管理成本	3 000	3 000	3 000	3 000
5	短缺成本	5 600	2 500	1 000	0
6	机会成本率	12%	12%	12%	12%
7					
8		计算与决策结果			
9	现金持有方案	A	B	C	D
10	机会成本（元）	1 200	2 400	3 600	4 800
11	管理成本（元）	3 000	3 000	3 000	3 000
12	短缺成本（元）	5 600	2 500	1 000	0
13	现金持有总成本（元）	9 800	7 900	7 600	7 800
14	最优方案	C	最佳现金持有量		7 600

(1) 选择 B10:E10 单元格区域,输入数组公式"＝B3:E3＊B6:E6"。

(2) 选择 B11:E12 单元格区域,输入数组公式"＝B4:E5"。

(3) 选择 B13:E13 单元格区域,输入数组公式"＝B10:E10＋B11:E11＋B12:E12"。

(4) 选择单元格 B14,输入公式"＝INDEX(B9:E9,MATCH(MIN(B13:E13),B13:E13,0))"。

(5) 选择单元格 E14,输入公式"＝INDEX(B13:E13,MATCH(MIN(B13:E13),B13:E13,0))"。

2. 最佳现金持有量模型如下图所示。

	A	B	C
1	已知条件		
2	全年现金持有量（元）	20 000 000	
3	有价证券转换成本（元/次）	100	
4	有价证券年利率	10%	
5			
6	计算与决策结果		
7	计算方法	利用公式计算	规划求解结果
8			
9	最佳现金余额（元）	200 000	200 000
10	最低的持有现金相关总成本（元	20 000	20 000
11	有价证券交易次数（次）	100	
12	有价证券交易间隔期（天）	3.6	

(1) 应用存货管理模式建立最佳现金余额分析模型。

① 选择单元格 B9,输入公式"＝SQRT(2＊B2＊B3/B4)"。

② 选择单元格 B10,输入公式"＝SQRT(2＊B2＊B3＊B4)"。

(2) 应用规划求解建立最佳现金余额分析模型。

① 选择单元格 C9,输入一个大于 0 的数字。

② 选择单元格 C10,输入公式"＝SQRT(2＊B2＊B3＊B4)"。

③ 单击"数据"|"规划求解"命令,在规划求解参数选项板中,将"设置目标"编辑框中设置为"＄C＄10";在"到"选项中,选择"最小值";在"通过更改可变单元格"编辑框中设置为"＄C＄9";选择"添加"按钮,增加约束条件"＄C＄9≥180 000",然后单击"确定"按钮;在"选择求解方法"选项中选择非线性问题。

(3) 计算有价证券交易次数:选择单元格 B11,输入公式"＝B2/B9"(或"＝B2/C9")。

(4) 计算有价证券交易间隔期:选择单元格 B12,输入公式"＝360/B11"。

3. 基本的经济订货批量模型如下图所示。

(1) 选择单元格 D5,输入公式"＝SQRT(2＊B2＊D2/F2)"。

	A	B	C	D	E	F
1			已知条件			
2	甲材料全年需要量（吨）	3 600	一次订货成本（元）	3 600	单位存货年存储成本（元）	200
3						
4			计算结果			
5	直接利用公式计算的经济订货批量（吨）			360		
6	年最优订货次数（次）			10		
7	年最低订储成本（元）			72 000		

（2）选择单元格 D6，输入公式"＝B2/D5"。

（3）选择单元格 D7，输入公式"＝SQRT(2 * B2 * D2 * F2)"。

第十一章　Excel 在财务分析中的应用

一、单项选择题

1	2	3	4	5
D	A	A	B	D

【解释】

第 4 题：关系比率＝实际值/标准值。

因此选择 B。

第 5 题：A 净资产收益率属于获利能力指标、B 存货周转天数属于营运能力指标、C 现金比率属于偿债能力指标。只有 D 营业收入增长率属于发展能力指标。

因此选择 D。

二、多项选择题

1	2	3	4	5
ABC	ABCD	ABCD	ABCD	ABCD

【解释】

第 5 题：杜邦系统分析模型如下图所示。

因此选择 ABCD。

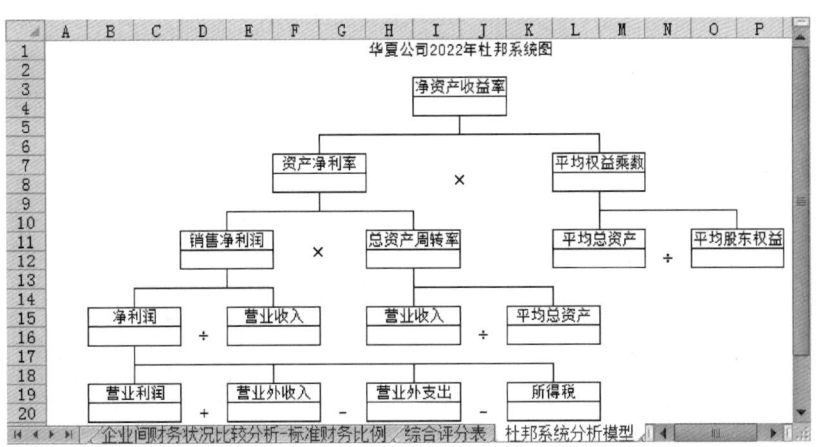

三、判断题

1	2	3	4	5
√	√	√	×	×

第4题：总资产增长率＝(期末总资产－期初总资产)/期初总资产。

因此为×。

第5题：存货周转天数＝360/存货周转率。

因此为×。

四、上机操作题

(1) 建立资产负债表分析模型如下图所示。

资产	年末与年初比较		结构分析		负债及所有者权益	年末与年初比较		结构分析	
	增减额	增减幅度	年末结构	年初结构		增减额	增减幅度	年末结构	年初结构
流动资产					流动负债				
货币资金					短期借款				
交易性金融资产					应付账款				
应收账款					流动负债合计				
存货					非流动负债				
流动资产合计					长期借款				
非流动资产					应付债券				
债权投资					非流动负债合计				
长期应收款					负债合计				
长期股权投资					所有者权益				
固定资产					股本（面值1元）				
在建工程					资本公积				
无形资产					盈余公积				
非流动资产合计					未分配利润				
					所有者权益合计				
资产总计					负债和所有者权益总计				

东海公司2022年资产负债表分析（单位：万元）

资产负债表分析模型（指导书）公式 Sheet1

（2）输入公式如下图所示。

H	I	J
	东海公司2022年资产负债表分析（单位：万元）	
资产	年末与年初比较	
	增减额	增减幅度
流动资产		
货币资金	=IF(AND(ISBLANK(B5),ISBLANK(C5)),"",B5-C5)	=IF(AND(ISBLANK(B5),ISBLANK(C5)),"",IF(C5=0,"无意义",(B5-C5)/C5))
交易性金融资产	=IF(AND(ISBLANK(B6),ISBLANK(C6)),"",B6-C6)	=IF(AND(ISBLANK(B6),ISBLANK(C6)),"",IF(C6=0,"无意义",(B6-C6)/C6))
应收账款	=IF(AND(ISBLANK(B7),ISBLANK(C7)),"",B7-C7)	=IF(AND(ISBLANK(B7),ISBLANK(C7)),"",IF(C7=0,"无意义",(B7-C7)/C7))
存货	=IF(AND(ISBLANK(B8),ISBLANK(C8)),"",B8-C8)	=IF(AND(ISBLANK(B8),ISBLANK(C8)),"",IF(C8=0,"无意义",(B8-C8)/C8))
流动资产合计	=IF(AND(ISBLANK(B9),ISBLANK(C9)),"",B9-C9)	=IF(AND(ISBLANK(B9),ISBLANK(C9)),"",IF(C9=0,"无意义",(B9-C9)/C9))
非流动资产	=IF(AND(ISBLANK(B10),ISBLANK(C10)),"",B10-C10)	=IF(AND(ISBLANK(B10),ISBLANK(C10)),"",IF(C10=0,"无意义",(B10-C10)/C10))
债权投资	=IF(AND(ISBLANK(B11),ISBLANK(C11)),"",B11-C11)	=IF(AND(ISBLANK(B11),ISBLANK(C11)),"",IF(C11=0,"无意义",(B11-C11)/C11))
长期应收款	=IF(AND(ISBLANK(B12),ISBLANK(C12)),"",B12-C12)	=IF(AND(ISBLANK(B12),ISBLANK(C12)),"",IF(C12=0,"无意义",(B12-C12)/C12))
长期股权投资	=IF(AND(ISBLANK(B13),ISBLANK(C13)),"",B13-C13)	=IF(AND(ISBLANK(B13),ISBLANK(C13)),"",IF(C13=0,"无意义",(B13-C13)/C13))
固定资产	=IF(AND(ISBLANK(B14),ISBLANK(C14)),"",B14-C14)	=IF(AND(ISBLANK(B14),ISBLANK(C14)),"",IF(C14=0,"无意义",(B14-C14)/C14))
在建工程	=IF(AND(ISBLANK(B15),ISBLANK(C15)),"",B15-C15)	=IF(AND(ISBLANK(B15),ISBLANK(C15)),"",IF(C15=0,"无意义",(B15-C15)/C15))
无形资产	=IF(AND(ISBLANK(B16),ISBLANK(C16)),"",B16-C16)	=IF(AND(ISBLANK(B16),ISBLANK(C16)),"",IF(C16=0,"无意义",(B16-C16)/C16))
非流动资产合计	=IF(AND(ISBLANK(B17),ISBLANK(C17)),"",B17-C17)	=IF(AND(ISBLANK(B17),ISBLANK(C17)),"",IF(C17=0,"无意义",(B17-C17)/C17))
	=IF(AND(ISBLANK(B18),ISBLANK(C18)),"",B18-C18)	=IF(AND(ISBLANK(B18),ISBLANK(C18)),"",IF(C18=0,"无意义",(B18-C18)/C18))
资产总计	=IF(AND(ISBLANK(B19),ISBLANK(C19)),"",B19-C19)	=IF(AND(ISBLANK(B19),ISBLANK(C19)),"",IF(C19=0,"无意义",(B19-C19)/C19))

资产负债表分析模型（指导书）公式　Sheet1

H	K	L
	东海公司2022年资产负债表分析（单位：万元）	
资产	结构分析	
	年末结构	年初结构
流动资产		
货币资金	=IF(ISBLANK(B5),"",B5/$B$19)	=IF(ISBLANK(C5),"",C5/$C$19)
交易性金融资产	=IF(ISBLANK(B6),"",B6/$B$19)	=IF(ISBLANK(C6),"",C6/$C$19)
应收账款	=IF(ISBLANK(B7),"",B7/$B$19)	=IF(ISBLANK(C7),"",C7/$C$19)
存货	=IF(ISBLANK(B8),"",B8/$B$19)	=IF(ISBLANK(C8),"",C8/$C$19)
流动资产合计	=IF(ISBLANK(B9),"",B9/$B$19)	=IF(ISBLANK(C9),"",C9/$C$19)
非流动资产	=IF(ISBLANK(B10),"",B10/$B$19)	=IF(ISBLANK(C10),"",C10/$C$19)
债权投资	=IF(ISBLANK(B11),"",B11/$B$19)	=IF(ISBLANK(C11),"",C11/$C$19)
长期应收款	=IF(ISBLANK(B12),"",B12/$B$19)	=IF(ISBLANK(C12),"",C12/$C$19)
长期股权投资	=IF(ISBLANK(B13),"",B13/$B$19)	=IF(ISBLANK(C13),"",C13/$C$19)
固定资产	=IF(ISBLANK(B14),"",B14/$B$19)	=IF(ISBLANK(C14),"",C14/$C$19)
在建工程	=IF(ISBLANK(B15),"",B15/$B$19)	=IF(ISBLANK(C15),"",C15/$C$19)
无形资产	=IF(ISBLANK(B16),"",B16/$B$19)	=IF(ISBLANK(C16),"",C16/$C$19)
非流动资产合计	=IF(ISBLANK(B17),"",B17/$B$19)	=IF(ISBLANK(C17),"",C17/$C$19)
	=IF(ISBLANK(B18),"",B18/$B$19)	=IF(ISBLANK(C18),"",C18/$C$19)
资产总计	=IF(ISBLANK(B19),"",B19/$B$19)	=IF(ISBLANK(C19),"",C19/$C$19)

资产负债表分析模型（指导书）公式　Sheet1

M	N	O
	东海公司2022年资产负债表分析（单位：万元）	
负债及所有者权益	年末与年初比较	
	增减额	增减幅度
流动负债		
短期借款	=IF(AND(ISBLANK(E5),ISBLANK(F5)),"",E5-F5)	=IF(AND(ISBLANK(E5),ISBLANK(F5)),"",IF(F5=0,"无意义",(E5-F5)/F5))
应付账款	=IF(AND(ISBLANK(E6),ISBLANK(F6)),"",E6-F6)	=IF(AND(ISBLANK(E6),ISBLANK(F6)),"",IF(F6=0,"无意义",(E6-F6)/F6))
流动负债合计	=IF(AND(ISBLANK(E7),ISBLANK(F7)),"",E7-F7)	=IF(AND(ISBLANK(E7),ISBLANK(F7)),"",IF(F7=0,"无意义",(E7-F7)/F7))
非流动负债	=IF(AND(ISBLANK(E8),ISBLANK(F8)),"",E8-F8)	=IF(AND(ISBLANK(E8),ISBLANK(F8)),"",IF(F8=0,"无意义",(E8-F8)/F8))
长期借款	=IF(AND(ISBLANK(E9),ISBLANK(F9)),"",E9-F9)	=IF(AND(ISBLANK(E9),ISBLANK(F9)),"",IF(F9=0,"无意义",(E9-F9)/F9))
应付债券	=IF(AND(ISBLANK(E10),ISBLANK(F10)),"",E10-F10)	=IF(AND(ISBLANK(E10),ISBLANK(F10)),"",IF(F10=0,"无意义",(E10-F10)/F10))
非流动负债合计	=IF(AND(ISBLANK(E11),ISBLANK(F11)),"",E11-F11)	=IF(AND(ISBLANK(E11),ISBLANK(F11)),"",IF(F11=0,"无意义",(E11-F11)/F11))
负债合计	=IF(AND(ISBLANK(E12),ISBLANK(F12)),"",E12-F12)	=IF(AND(ISBLANK(E12),ISBLANK(F12)),"",IF(F12=0,"无意义",(E12-F12)/F12))
所有者权益	=IF(AND(ISBLANK(E13),ISBLANK(F13)),"",E13-F13)	=IF(AND(ISBLANK(E13),ISBLANK(F13)),"",IF(F13=0,"无意义",(E13-F13)/F13))
股本（面值1元）	=IF(AND(ISBLANK(E14),ISBLANK(F14)),"",E14-F14)	=IF(AND(ISBLANK(E14),ISBLANK(F14)),"",IF(F14=0,"无意义",(E14-F14)/F14))
资本公积	=IF(AND(ISBLANK(E15),ISBLANK(F15)),"",E15-F15)	=IF(AND(ISBLANK(E15),ISBLANK(F15)),"",IF(F15=0,"无意义",(E15-F15)/F15))
盈余公积	=IF(AND(ISBLANK(E16),ISBLANK(F16)),"",E16-F16)	=IF(AND(ISBLANK(E16),ISBLANK(F16)),"",IF(F16=0,"无意义",(E16-F16)/F16))
未分配利润	=IF(AND(ISBLANK(E17),ISBLANK(F17)),"",E17-F17)	=IF(AND(ISBLANK(E17),ISBLANK(F17)),"",IF(F17=0,"无意义",(E17-F17)/F17))
所有者权益合计	=IF(AND(ISBLANK(E18),ISBLANK(F18)),"",E18-F18)	=IF(AND(ISBLANK(E18),ISBLANK(F18)),"",IF(F18=0,"无意义",(E18-F18)/F18))
负债和所有者权益总计	=IF(AND(ISBLANK(E19),ISBLANK(F19)),"",E19-F19)	=IF(AND(ISBLANK(E19),ISBLANK(F19)),"",IF(F19=0,"无意义",(E19-F19)/F19))

资产负债表分析模型（指导书）公式　Sheet1

	M	P	Q
1		东海公司2022年资产负债表分析（单位：万元）	
2	负债及所有者权益	结构分析	
3		年末结构	年初结构
4	流动负债		
5	短期借款	=IF(ISBLANK(E5),"",E5/$E$19)	=IF(ISBLANK(F5),"",F5/$F$19)
6	应付账款	=IF(ISBLANK(E6),"",E6/$E$19)	=IF(ISBLANK(F6),"",F6/$F$19)
7	流动负债合计	=IF(ISBLANK(E7),"",E7/$E$19)	=IF(ISBLANK(F7),"",F7/$F$19)
8	非流动负债	=IF(ISBLANK(E8),"",E8/$E$19)	=IF(ISBLANK(F8),"",F8/$F$19)
9	长期借款	=IF(ISBLANK(E9),"",E9/$E$19)	=IF(ISBLANK(F9),"",F9/$F$19)
10	应付债券	=IF(ISBLANK(E10),"",E10/$E$19)	=IF(ISBLANK(F10),"",F10/$F$19)
11	非流动负债合计	=IF(ISBLANK(E11),"",E11/$E$19)	=IF(ISBLANK(F11),"",F11/$F$19)
12	负债合计	=IF(ISBLANK(E12),"",E12/$E$19)	=IF(ISBLANK(F12),"",F12/$F$19)
13	所有者权益	=IF(ISBLANK(E13),"",E13/$E$19)	=IF(ISBLANK(F13),"",F13/$F$19)
14	股本（面值1元）	=IF(ISBLANK(E14),"",E14/$E$19)	=IF(ISBLANK(F14),"",F14/$F$19)
15	资本公积	=IF(ISBLANK(E15),"",E15/$E$19)	=IF(ISBLANK(F15),"",F15/$F$19)
16	盈余公积	=IF(ISBLANK(E16),"",E16/$E$19)	=IF(ISBLANK(F16),"",F16/$F$19)
17	未分配利润	=IF(ISBLANK(E17),"",E17/$E$19)	=IF(ISBLANK(F17),"",F17/$F$19)
18	所有者权益合计	=IF(ISBLANK(E18),"",E18/$E$19)	=IF(ISBLANK(F18),"",F18/$F$19)
19	负债和所有者权益总计	=IF(ISBLANK(E19),"",E19/$E$19)	=IF(ISBLANK(F19),"",F19/$F$19)

资产负债表分析模型（指导书）公式　Sheet1

（3）运行结果如下图所示。

	H	I	J	K	L	M	N	O	P	Q
1					东海公司2022年资产负债表分析（单位：万元）					
2	资产	年末与年初比较		结构分析		负债及所有者权益	年末与年初比较		结构分析	
3		增减额	增减幅度	年末结构	年初结构		增减额	增减幅度	年末结构	年初结构
4	流动资产					流动负债				
5	货币资金	40	5.13%	3.20%	3.32%	短期借款	260	12.38%	9.22%	8.95%
6	交易性金融资产	30	3.16%	3.83%	4.05%	应付账款	80	4.21%	7.73%	8.10%
7	应收账款	300	21.43%	6.64%	5.97%	流动负债合计	340	8.50%	16.95%	17.05%
8	存货	600	12.24%	21.48%	20.89%	非流动负债				
9	流动资产合计	970	12.08%	35.16%	34.23%	长期借款	230	15.65%	6.64%	6.27%
10	非流动资产					应付债券	280	107.69%	2.11%	1.11%
11	债权投资	80	14.04%	2.54%	2.43%	非流动负债合计	510	29.48%	8.75%	7.37%
12	长期应收款	200	133.33%	1.37%	0.64%	负债合计	850	14.83%	25.70%	24.42%
13	长期股权投资	180	25.00%	3.52%	3.07%	所有者权益				
14	固定资产	550	4.37%	51.37%	53.71%	股本（面值1元）	0	0.00%	45.31%	49.45%
15	在建工程	-190	-21.35%	2.73%	3.79%	资本公积	400	200.00%	2.34%	0.85%
16	无形资产	350	70.00%	3.32%	2.13%	盈余公积	160	9.41%	7.27%	7.25%
17	非流动资产合计	1170	7.58%	64.84%	65.77%	未分配利润	730	17.26%	19.38%	18.03%
18						所有者权益合计	1,290	7.28%	74.30%	75.58%
19	资产总计	2140	9.12%	100.00%	100.00%	负债和所有者权益总计	2,140	9.12%	100.00%	100.00%

资产负债表分析模型（指导书）公式　Sheet1

第三部分

模拟试题及参考答案

Excel 在会计和财务管理中的应用模拟试题(一)

得分		一、单项选择题(本大题共 10 小题,每小题 1 分,共 10 分)

1	2	3	4	5	6	7	8	9	10

1. 在 Excel2019 中,一个工作簿最多可包含( )张工作表。

A. 1

B. 3

C. 5

D. 255

2. 在 Excel 中,欲在一个单元格中输入多行数据,可以同时按住( )。

A. Ctrl+Shift

B. Ctrl+Shift+Alt

C. Ctrl+Enter

D. Alt+Enter

3. 在工作表 Sheet 1 中,若 A1 为"1",B1 为"2",A2 为"3",B2 为"4",在 C1 输入公式"=A1+B1",将公式从 C1 复制到 C2,则 C2 的值为( )。

A. 3

B. 7

C. 4

D. 5

4. 在 Excel 中,各运算符号的优先级由高到低的顺序为( )。

A. 算术运算符、引用运算符、文本运算符、比较运算符

B. 引用运算符、算术运算符、文本运算符、比较运算符

C. 比较运算符、文本运算符、引用运算符、算术运算符

D. 文本运算符、算术运算符、比较运算符、引用运算符

5. 在 Excel 工作表中输入公式时,公式前面首先必须先输入( )。

A. 冒号(:)

B. 等号(=)

C. 对号(√)

D. 美元符号($)

6. 在 Excel 表格中,在对数据清单进行分类汇总前,必须做的操作是( )。

A. 排序　　　　　　　　　　　B. 筛选

C. 合并计算　　　　　　　　　D. 指定单元格

7. 在工作表 Sheet1 中,若在单元格 A1 中输入公式"=IFNA(VLOOKUP(1.5,{1,2,3;4,5,6},2,0),0)",则运行结果为(　　)。

A. 0　　　　　　　　　　　　B. 1

C. ♯N/A　　　　　　　　　　D. 4

8. 在 Excel 中,年数总和法计算固定资产折旧额使用的财务函数为(　　)。

A. DDB 函数　　　　　　　　　B. SLN 函数

C. SYD 函数　　　　　　　　　D. VDB 函数

9. 更新科目汇总表时,通过"数据透视表工具"|"数据透视分析"|"数据"|"更改数据源"的方式扩大数据源范围的方法适用的情形是(　　)。

A. 会计凭证表中原数据发生变动

B. 在会计凭证表原范围的中间插入新的经济业务

C. 在会计凭证表的最后添加新业务

D. 以上说法都不对

10. 若投资方案的现金流量不是定期发生时,则只能采用(　　)函数计算项目的内含报酬率。

A. XIRR　　　　　　　　　　B. NPV

C. MIRR　　　　　　　　　　D. IRR

得分	

二、多项选择题(本大题共 5 小题,每小题 1 分,共 5 分)

1	2	3	4	5

1. 在 Excel2019 中,可以通过以下(　　)方式插入系统当前的日期。

A. Ctrl+;　　　　　　　　　B. Ctrl+Shift+;

C. =Today()　　　　　　　　D. =Now()

2. 以下函数中,最多可设置 255 个参数的有(　　)。

A. SUM()　　　　　　　　　B. CONCATENATE()

C. NPV()　　　　　　　　　D. AVERAGE()

3. 使用 Excel 进行会计核算中,利润表中本期金额可根据(　　)建立起数据间的链接完成编制的。

    A. 科目汇总表

    B. 会计凭证表

    C. 总分类账期末余额

    D. 总分类账本期发生额

    4. FV 函数可用于计算( )。

    A. 年金终值

    B. 单利终值

    C. 复利终值

    D. 年金终值和复利终值的合计数

    5. 以下函数中,可用于计算现值的有( )。

    A. PV   B. NPV

    C. XNPV   D. FV

得分	

三、判断题(本大题共 5 小题,每小题 1 分,共 5 分)

1	2	3	4	5

    1. NPV 函数假定投资开始于 value1 现金流所在日期的前一期,并结束于最后一笔现金流的当期。NPV 函数只能计算在同一贴现率下,各期现金流发生在每年年末,且第 1 笔现金必须是第 1 年年末的一组现金流量的净现值。如果第 1 笔现金流发生在第一个周期的期初,则第 1 笔现金必须添加到 NPV 函数的结果中,而不应包含在 values 参数中。   ( )

    2. Excel 中,若用户在 Sheet1 的单元格中输入"1/3",即表示输入分数三分之一。

                                                 ( )

    3. FV 函数认定年金 pmt 和现值 pv 现金流量的方向与计算出的终值现金流量的方法是相反的。为了使计算出的终值能显示为正数,应在输入 pmt 和 pv 参数时添加上负号。   ( )

    4. 在工作表中输入数组公式后,可以单独对数组公式所涉及的单元格区域中的某一个单元格进行编辑、清除或移动等操作。   ( )

    5. 在 Excel 中,使用高级筛选对话框进行筛选时须先设置条件区域。   ( )

得分 □□□ **四、上机操作题**(本大题共 5 小题,第 1、第 2、第 4、第 5 小题每小题 10 分,第 3 小题 40 分,共 80 分)

1. 以下为一份成绩单(部分)。

	A	B	C	D	E	F
1	成绩单					
2	学号	语文	数学	物理	化学	英语
3	2022001	78	88	65	86	59
4	2022002	87	85	45	68	95
5	2022003	89	84	87	68	25
6	2022004	67	59	59	75	75
7	2022005	66	88	65	86	59
8	2022006	87	85	45	68	95
9	2022007	65	84	86	68	88
10	2022008	55	59	57	75	75
11	2022009	87	85	90	68	95
12	2022010	89	84	86	68	90

要求:使用高级筛选,设置条件区域,筛选出满足以下条件的记录:语文成绩大于等于 70 但小于 80,并且数学成绩也大于等于 70 但小于 80 的记录,并将筛选结果从 H5 开始的单元格区域显示。

2. 以下为华夏公司 2022 年的销售数据(部分)。

	A	B	C	D	E	F	G	H
1	华夏公司2022年销售数据表							
2	销售季度	销售日期	商品名称	销售单价	销售数量	销售收入(元)	销售地点	销售人员
3	1季度	2022/1/15	彩电	980	500	490 000	北京	刘新
4	1季度	2022/1/20	空调	3 200	300	960 000	南京	高玉
5	1季度	2022/1/25	冰箱	2 600	200	520 000	上海	王华
6	1季度	2022/2/3	彩电	980	300	294 000	北京	李玲
7	1季度	2022/2/10	电风扇	290	500	145 000	长春	袁龙
8	1季度	2022/2/22	电脑	6 800	100	680 000	天津	李颖
9	1季度	2022/2/19	电风扇	290	200	58 000	南京	程静
10	1季度	2022/3/1	彩电	980	500	490 000	上海	王华
11	1季度	2022/3/11	空调	3 200	300	960 000	太原	戴军
12	1季度	2022/3/16	电脑	6 800	500	3 400 000	北京	刘新
13	1季度	2022/3/25	冰箱	2 600	300	780 000	沈阳	杨梅
14	2季度	2022/4/3	彩电	980	500	490 000	天津	刘立

要求:使用数据透视表的功能,汇总出每个销售地点每个月的销售收入和销售数量,并按季度进行页面筛选。

3. 以下是给出的 A 公司 12 月份会计凭证表的数据(部分)。

	A	B	C	D	E	F	G	H	I	J
1	A 公 司 会 计 凭 证 表									
2	年	月	日	序号	凭证编号	摘要	科目编号	科目名称	借方金额	贷方金额
3	2022	12	02	01		购料		材料采购	3 000.00	
4	2022	12	02	01		购料		银行存款		3 000.00
5	2022	12	06	01		验收材料		原材料	3 000.00	
6	2022	12	06	01		验收材料		材料采购		3 000.00
7	2022	12	12	01		付货款		应付账款	500.00	
8	2022	12	12	01		付货款		银行存款		500.00
9	2022	12	12	02		接受投资		固定资产	6 000.00	
10	2022	12	12	02		接受投资		实收资本		6 000.00
11	2022	12	22	01		收欠款		银行存款	8 000.00	
12	2022	12	22	01		收欠款		应收账款		8 000.00
13	2022	12	25	01		水电费		管理费用	300.00	
14	2022	12	25	01		水电费		银行存款		300.00

要求:

(1) 在工作表“第 3 题会计凭证表”中设计公式自动显示凭证编号。

(2) 在工作表“第 3 题会计凭证表”中设计公式自动显示科目编号。

(3) 建立科目汇总表,放置在新工作表中,并将工作表重命名为“第 3 题科目汇总表”。

(4) 根据科目汇总表的汇总结果,在工作表“第 3 题会计凭证表”最后增加以下业务:

① 12 月 31 日,结转本月收支至“本年利润”账户。

② 12 月 31 日,按本月利润总额计算所得税(所得税税率为 25%,不存在纳税调整项目),并将所得税费用结转至“本年利润”账户。

③ 12 月 31 日,结转“本年利润”至“利润分配”。

(5) 更新科目汇总表的数据。

(6) 完成总分类账编制(表格及期初数已给定)。

(7) 完成利润表本月数的编制(表格已给定)。

4. 华夏公司拟于 2023 年 2 月 1 日发行面值为 1 000 元的债券,票面利率为 5%,每年 2 月 1 日计算并支付一次利息,并于 8 年后的 1 月 31 日到期,市场利率为 6%。

要求:在 Excel 中建立模型确定债券的发行价格。

5. 华夏公司现有一台三年前购进的旧机床,目前准备用一台新机床将其替换。该公司所得税税率 25％,资本成本为 10％,其余资料如下图已知条件所示。

	A	B	C
1		已知条件	
2	项目	旧设备	新设备
3	原价	42 000	30 000
4	税法残值	2 000	2 000
5	税法使用年限（年）	8	5
6	已使用年限（年）	4	0
7	尚可使用年限（年）	4	5
8	每年折旧费（直线法）	5 000	8 000
9	每年付现成本	10 000	7 000
10	目前变现价值	20 000	30 000
11	最终报废残值	2 000	3 000
12	期初垫支运营资金	10 000	5 000
13	税率	25%	
14	资本成本	10%	

要求:在 Excel 中建立一个是否应更新设备的决策模型。

Excel 在会计和财务管理中的应用模拟试题(二)

1	2	3	4	5	6	7	8	9	10

1. 在 Excel 中,数字默认的对齐方式为(   )。

A. 左对齐   B. 居中对齐

C. 右对齐   D. 上对齐

2. 在 A1 单元格内输入 2,在 B1 单元格内输入 4,然后选中 A1:B1 后,拖动填充柄,得到的数字序列是(   )。

A. 等差序列   B. 等比序列

C. 整数序列   D. 日期序列

3. 在工作表 Sheet 1 中,若 A1 为"2",B1 为"4",A2 为"5",B2 为"3",在 C1 输入公式"=＄A＄1＋＄B＄1",将公式从 C1 复制到 C2,则 C2 的值为(   )。

A. 9   B. 7

C. 8   D. 6

4. 在工作表 Sheet 1 中,若在单元格 A1 中输入公式"=IFNA(VLOOKUP(2.5, {2,4,6;3,5,7},2,0),0)",则运行结果为(   )。

A. 0   B. 4

C. ♯N/A   D. 3

5. 在工作表 Sheet 1 的单元格 A1 中输入公式"=SUM(5,10,TRUE)",则结果为(   )。

A. 5   B. 10

C. 15   D. 16

6. 在 Excel 工作表中输入数组公式的方法是,先选择要输入公式的单元格区域,然后输入有关的计算公式,最后按(   )键确认。

A. Shift＋Enter   B. Enter

C. Ctrl＋Alt＋Enter   D. Ctrl＋Shift＋Enter

7. 工作表 Sheet 1 中,若已在单元格 A1、B1、C1 输入数据 1、2、3,在单元格 D1 中输入公式"＝IF(A1>＝2,B1,C1)",则 D1 返回的值为(   )。

A. 1   B. 3

C. 2   D. ♯N/A

8. 使用 Excel 进行会计核算中,资产负债表期末数主要是根据(   )建立起数据间的链接完成编制的。

A. 总分类账   B. 科目汇总表

C. 会计凭证表   D. 利润表

9. NPV 函数最多可设置(   )个参数。

A. 1   B. 64

C. 255   D. 244

10. 在 Excel 中,直线法计算固定资产折旧额可以使用的财务函数为(   )。

A. DDB 函数   B. SLN 函数

C. SYD 函数   D. VDB 函数

得分	

二、多项选择题(本大题共 5 小题,每小题 1 分,共 5 分)

1	2	3	4	5

1. 在默认情况下保护工作表后,以下各项中,不能进行的操作有(   )。

A. 隐藏两行   B. 删除单元格的内容

C. 插入两列   D. 设置单元格的格式

2. 在 Excel 会计核算中,以下表格的编制可以链接科目汇总表的有(   )。

A. 会计凭证表   B. 总分类账

C. 资产负债表   D. 利润表

3. 公式"＝SUM(A1：A4)"等价于(   )。

A. ＝A1＋A2＋A3＋A4　　　　　B. ＝A1＋A4

C. ＝SUM(A1,A4)　　　　　D. ＝SUM(A1,A2,A3,A4)

4. PV 函数可用于计算(　　　)。

A. 年金现值　　　　　B. 复利现值

C. 单利现值　　　　　D. 年金现值和复利现值的合计数

5. 使用 Excel 进行会计核算中,在编制会计凭证表时,可以利用以下方式,将"年、月、日、序号"生成凭证的编号的有(　　　)。

A. SUM()　　　　　B. CONCATENATE()

C. ＋　　　　　D. &

| 得分 | |

三、判断题(本大题共 5 小题,每小题 1 分,共 5 分)

1	2	3	4	5

1. IRR 函数的参数 values 必须包含至少一个正值和一个负值,以计算返回的内部收益率。　　　　　(　　)

2. 若固定资产采用双倍余额递减法计算折旧,可以使用 VDB 函数计算年折旧额,也可以计算累计折旧额。　　　　　(　　)

3. 在 Excel 的 sheet 1 的某个单元格中输入(1),则表示输入－1。　　(　　)

4. 如果 range_lookup 为 FALSE,则 table_array 的第一列中的数值必须按升序排列,否则 VLOOKUP 函数不能返回正确的数值。　　　　　(　　)

5. 在 Excel2019 中,IF 函数最多可以嵌套 30 层函数。　　　　　(　　)

| 得分 | |

四、上机操作题(本大题共 5 小题,第 1、第 2、第 4 小题每小题 10 分,第 3 小题 35 分,第 5 小题 15 分,共 80 分)

1. 以下为四个班级的平均分:

	A	B	C	D	E	F	
1			平均分等级			成绩等级	
2	班级	平均分	等级判断			成绩<60	不及格
3			法一(IF)	法二(VLOOKUP)		60≤成绩<80	中等
4	一班	75				80≤成绩<90	良好
5	二班	25				90≤成绩	优秀
6	三班	86					
7	四班	95					

要求：分别使用 IF 函数和 VLOOKUP 函数返回四个班级的平均分等级。

2. 以下为一份图书销售订单明细表（部分）：

订单编号	日期	书店名称	图书编号	图书名称	单价	销量（本）	销售额
				销售订单明细表			
BTW-08001	2022年1月2日	鼎盛书店	BK-83021	《计算机基础及MS Office应用》	￥ 36.00	12	￥ 432.00
BTW-08002	2022年1月4日	博达书店	BK-83033	《嵌入式系统开发技术》	￥ 44.00	5	￥ 220.00
BTW-08003	2022年1月4日	博达书店	BK-83034	《操作系统原理》	￥ 39.00	41	￥ 1599.00
BTW-08004	2022年1月5日	博达书店	BK-83027	《MySQL数据库程序设计》	￥ 40.00	21	￥ 840.00
BTW-08005	2022年1月6日	鼎盛书店	BK-83028	《MS Office高级应用》	￥ 39.00	32	￥ 1248.00
BTW-08006	2022年1月9日	鼎盛书店	BK-83029	《网络技术》	￥ 43.00	3	￥ 129.00
BTW-08007	2022年1月9日	博达书店	BK-83030	《数据库技术》	￥ 41.00	1	￥ 41.00
BTW-08008	2022年1月10日	鼎盛书店	BK-83031	《软件测试技术》	￥ 36.00	3	￥ 108.00
BTW-08009	2022年1月10日	博达书店	BK-83035	《计算机组成与接口》	￥ 40.00	43	￥ 1720.00
BTW-08010	2022年1月11日	隆华书店	BK-83022	《计算机基础及Photoshop应用》	￥ 34.00	22	￥ 748.00
BTW-08011	2022年1月11日	鼎盛书店	BK-83023	《C语言程序设计》	￥ 42.00	31	￥ 1302.00
BTW-08012	2022年1月12日	隆华书店	BK-83032	《信息安全技术》	￥ 39.00	19	￥ 741.00
BTW-08013	2022年1月12日	鼎盛书店	BK-83036	《数据库原理》	￥ 37.00	43	￥ 1591.00

要求：使用分类汇总，汇总每个书店和每种图书的销量和销售额。

3. 以下为恒大有限责任公司 12 月份的会计凭证表部分：

年	月	日	序号	凭证编号	摘要	科目编号	科目名称	明细科目	借方金额	贷方金额
					恒大有限责任公司会计凭证表					
2022	12	01	01	2022120101	收到蓝天公司支票偿还前欠货款	1002	银行存款		12 000.00	
2022	12	01	01	2022120101	收到蓝天公司支票偿还前欠货款	1131	应收账款	蓝天		12 000.00
2022	12	02	02	2022120202	用银行存款购买转账支票	5502	管理费用		60.00	
2022	12	02	02	2022120202	用银行存款购买转账支票	1002	银行存款			60.00
2022	12	03	03	2022120303	车间领用甲材料用于A产品的生产	4101	生产成本	A	16 000.00	
2022	12	03	03	2022120303	车间领用甲材料用于A产品的生产	1211	原材料	甲		16 000.00
2022	12	03	04	2022120304	提取现金	1001	库存现金		2 000.00	
2022	12	03	04	2022120304	提取现金	1002	银行存款			2 000.00
2022	12	04	05	2022120405	由红星工厂购入甲材料	1211	原材料	甲	16 000.00	
2022	12	04	05	2022120405	由红星工厂购入甲材料	2163	应交税费	应交增值税	2 080.00	
2022	12	04	05	2022120405	由红星工厂购入甲材料	1002	银行存款			18 080.00

要求：请根据表中恒大有限责任公司 12 月份的数据，生成如下账簿及报表（按顺序排列）：

（1）科目汇总表。

（2）若经检查发现本月第一笔业务登记金额有误，12 月 01 日应收账款的金额应为 11 700 元，而不是 12 000 元，请在会计凭证表中更改，并更新科目汇总表中的数据。

（3）编制总分类账（表格及期初数已给定）。

（4）编制资产负债表（表格已给定，只填制期末数）。

4. 如果你准备购置一套住房，假设银行年利率为 5%，复利计息，开发商提出以下几种支付方案：

方案一:现在一次性支付 100 万元;

方案二:10 年后一次性支付 150 万元;

方案三:每年年末付 12 万元,连续支付 10 年;

方案四:每个月月初支付 0.6 万元,连续支付 20 年;

方案五:每个月月初支付 0.7 万元,连续支付 10 年,第 10 年年末一次性支付 50 万元。

要求:在 Excel 中建立模型进行决策。

5. 华夏公司有一项投资方案。该方案需投资 310 000 元,另外在第一年需垫支营运资金 100 000 元,采用年数总和法计提折旧,使用寿命为 5 年,5 年后有残值收入 10 000 元。假设所得税税率为 25%,不考虑其他相关税费,公司的资金成本为 10%。其他资料如下图所示。

	A	B	C	D	E	F	G
1				已知条件			
2	期初固定资产投资	310 000	所得税税率		25%		
3	固定资产残值	10 000	贴现率		10%		
4	期初垫支营运资金	100 000	折旧方法		年数总和法		
5	年份	0	1	2	3	4	5
6	销售收入		155 000	165 000	175 000	185 000	195 000
7	付现成本		50 000	55 000	60 000	65 000	70 000

要求:在 Excel 中建立模型,计算该项投资每年的净现金流量及净现值、获利指数、内含报酬率,并采用净现值法对该项投资的可行性进行判断。

Excel 在会计和财务管理中的应用模拟试题(一)参考答案

一、单项选择题(本大题共 10 小题,每小题 1 分,共 10 分)

1	2	3	4	5	6	7	8	9	10
D	D	B	B	B	A	D	C	C	A

二、多项选择题(本大题共 5 小题,每小题 1 分,共 5 分)

1	2	3	4	5
AC	ABCD	AD	ACD	ABC

三、判断题(本大题共 5 小题,每小题 1 分,共 5 分)

1	2	3	4	5
√	×	√	×	√

四、上机操作题(本大题共 5 小题,第 1、第 2、第 4、第 5 小题每小题 10 分,第 3 小题 40 分,共 80 分)

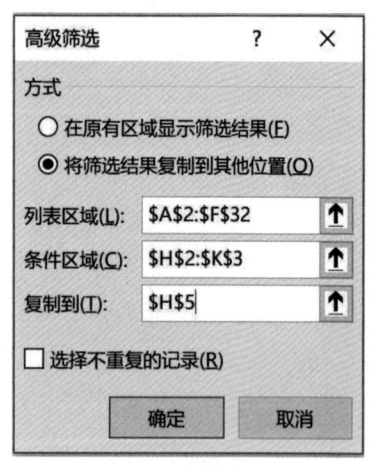

图 1 高级筛选对话框

1. 主要的操作步骤如下:

(1)单元格区域 H2:K3 设置条件区域,如图 2 条件区域所示。

(2)选择"数据"|"排序与筛选"|"筛选",打开"高级筛选"对话框,进行设置,如图 1 所示。筛选结果如图 2 结果区域所示。

H	I	J	K	L	M
条件区域					
语文	语文	数学	数学		
>70	<80	>70	<80		
结果区域					
学号	语文	数学	物理	化学	英语
2022015	78	7	65	79	59

图 2 筛选结果

2. 主要操作步骤如下:

(1) 选择"插入"|"表格"|"数据透视表"|"表格和区域"。

(2) 在数据透视表字段中进行布局,如图 3 所示。

(3) 在"行"区域所在列中任意选中一个单元格,单击鼠标右键,在弹开的快捷菜单中选择"组合",在打开的对话框中选择"月",如图 4 所示。

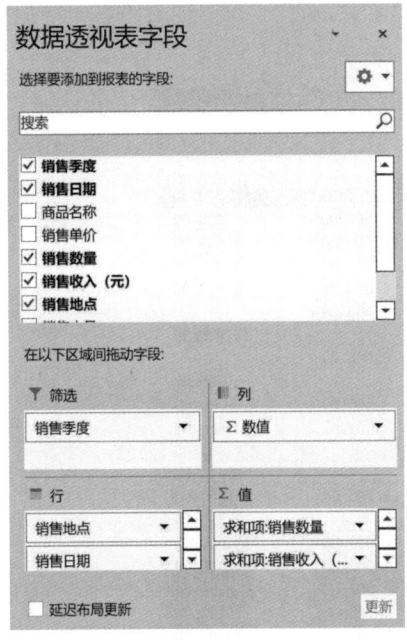
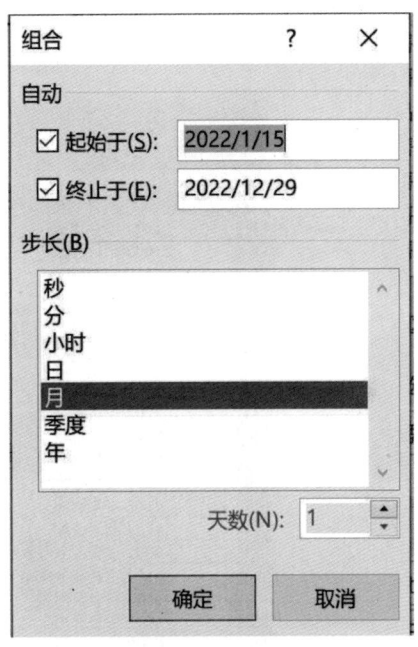

图 3 数据透视表字段列表　　　　图 4 组合对话框

设置后的效果如图 5 所示。

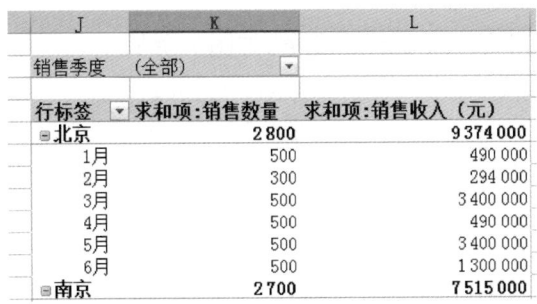

图 5 数据透视结果

3. 主要操作步骤如下:

(1) 在单元格 E3 中输入公式=A3&B3&C3&D3,并将公式复制至该列。

（2）将工作表"第 3 题会计科目表"中的 A 列复制到 C 列，在单元格 G3 中设置公式 ＝IF(H3＝"","",VLOOKUP(H3,第 3 题会计科目表!＄B＄2：＄C＄57,2,0))，并将公式复制至该列。

（3）单击"插入"|"表格"|"数据透视表"|"表格和区域"，数据透视表字段中进行如下布局：

"筛选"区域:年,月;"行"区域:科目编号,科目名称;"值"区域:借方金额,贷方金额。

建立的科目汇总表如图 6 所示。

	A	B	C	D
1	年	(全部)		
2	月	(全部)		
3				
4	科目编号	科目名称	求和项:借方金额	求和项:贷方金额
5	1001	库存现金	600.00	200.00
6	1002	银行存款	16 000.00	5 500.00
7	1122	应收账款	10 000.00	8 000.00
8	1401	材料采购	3 000.00	3 000.00
9	1403	原材料	3 000.00	
10	1405	库存商品		10 000.00
11	1601	固定资产	6 000.00	
12	1602	累计折旧		500.00
13	2202	应付账款	500.00	
14	2221	应交税费		1 475.00
15	2231	应付利息		900.00
16	4001	实收资本		6 000.00
17	4103	本年利润	18 000.00	18 000.00
18	4104	利润分配		3 525.00
19	6001	主营业务收入	18 000.00	18 000.00
20	6401	主营业务成本	10 000.00	10 000.00
21	6403	税金及附加	300.00	300.00
22	6601	销售费用	1 100.00	1 100.00
23	6602	管理费用	1 000.00	1 000.00
24	6603	财务费用	900.00	900.00
25	6801	所得税费用	1 175.00	1 175.00
26	总计		89 575.00	89 575.00

图 6　科目汇总表

（4）在会计凭证表中添加下列经济业务，如图 7 所示。

	A	B	C	D	E	F	G	H	I	J
1						A 公 司 会 计 凭 证 表				
2	年	月	日	序号	凭证编号	摘要	科目代码	科目名称	借方金额	贷方金额
33	2022	12	31	05	20221231058	结转本月收入	6001	主营业务收入	18 000.00	
34	2022	12	31	05	20221231058	结转本月收入	4103	本年利润		18 000.00
35	2022	12	31	06	20221231068	结转本月成本、费用	4103	本年利润	13 300.00	
36	2022	12	31	06	20221231068	结转本月成本、费用	6401	主营业务成本		10 000.00
37	2022	12	31	06	20221231068	结转本月成本、费用	6403	税金及附加		300.00
38	2022	12	31	06	20221231068	结转本月成本、费用	6601	销售费用		1 100.00
39	2022	12	31	06	20221231068	结转本月成本、费用	6602	管理费用		1 000.00
40	2022	12	31	06	20221231068	结转本月成本、费用	6603	财务费用		900.00
41	2022	12	31	07	20221231078	计算所得税	6801	所得税费用	1 175.00	
42	2022	12	31	07	20221231078	计算所得税	2221	应交税费		1 175.00
43	2022	12	31	08	20221231088	结转所得税	4103	本年利润	1 175.00	
44	2022	12	31	08	20221231088	结转所得税	6801	所得税费用		1 175.00
45	2022	12	31	09	20221231098	将本年净利润转入利润分配	4103	本年利润	3 525.00	
46	2022	12	31	09	20221231098	将本年净利润转入利润分配	4104	利润分配		3 525.00

图 7　添加业务后的会计凭证表

（5）"数据透视表工具"|"数据透视表分析"|"数据"|"更改数据源"，将数据源更改为"第3题会计凭证表!＄A＄2：＄J＄46"，结果如图8所示。

	A	B	C	D
3				
4	科目代码　▼	科目名称　▼	求和项:借方金额	求和项:贷方金额
5	⊟1001	库存现金	600.00	200.00
6	⊟1002	银行存款	16 000.00	5 500.00
7	⊟1122	应收账款	10 000.00	8 000.00
8	⊟1401	材料采购	3 000.00	3 000.00
9	⊟1403	原材料	3 000.00	
10	⊟1405	库存商品		10 000.00
11	⊟1601	固定资产	6 000.00	
12	⊟1602	累计折旧		500.00
13	⊟2202	应付账款	500.00	
14	⊟2221	应交税费		1 475.00
15	⊟2231	应付利息		900.00
16	⊟4001	实收资本		6 000.00
17	⊟4103	本年利润	18 000.00	18 000.00
18	⊟4104	利润分配		3 525.00
19	⊟6001	主营业务收入	18 000.00	18 000.00
20	⊟6401	主营业务成本	10 000.00	10 000.00
21	⊟6403	税金及附加	300.00	300.00
22	⊟6601	销售费用	1 100.00	1 100.00
23	⊟6602	管理费用	1 000.00	1 000.00
24	⊟6603	财务费用	900.00	900.00
25	⊟6801	所得税费用	1 175.00	1 175.00
26	总计		89 575.00	89 575.00

图8　更新后的科目汇总表

（6）在单元格E4中输入公式：

＝IFNA(VLOOKUP(B4,第3题科目汇总表!＄B＄5：＄D＄25,2,0),0,)，并将公式复制至该列。

在单元格F4中输入公式：

＝IFNA(VLOOKUP(B4,第3题科目汇总表!＄B＄5：＄D＄25,3,0),0,)，并将公式复制至该列。

在单元格G4中输入公式：＝IF(C4="","",C4＋E4－F4)，并将公式复制至该列。

在单元格H11中输入公式：＝IF(D4="","",D4＋F4－E4)，并将公式复制至该列。

操作结果如图9所示（部分）。

	A	B	C	D	E	F	G	H
1					A公司总分类账			
2			期初余额		本期发生额		期末余额	
3	科目编码	会计科目	借方	贷方	借方	贷方	借方	贷方
4	1001	库存现金	1 500.00		600.00	200.00	1 900.00	
5	1002	银行存款	15 000.00		16 000.00	5 500.00	25 500.00	
6	1101	交易性金融资产	2 000.00		—		2 000.00	
7	1121	应收票据			—		—	
8	1122	应收账款	40 000.00		10 000.00	8 000.00	42 000.00	
9	1123	预付账款	—		—		—	
10	1221	其他应收款			—		—	
11	1231	坏账准备		1 000.00	—			1 000.00

图9　总分类账

(7) 利润表中的公式设置如图 10 所示。

B22 =B4-B5-B6-B7-B8-B9-B10+B13+B14+B17+B18+B19+B20+B21

	A	B	C
1	利润表		
2	编制单位：A公司　2022年	12月	单位：元
3	项　　目	本期金额	上期金额
4	一、营业收入	=第3题总分类账!F46	
5	减：营业成本	=第3题总分类账!E50	
6	税金及附加	=第3题总分类账!E52	
7	销售费用	=第3题总分类账!E53	
8	管理费用	=第3题总分类账!E54	
9	研发费用		
10	财务费用		
11	其中：利息费用	=第3题总分类账!E55	
12	利息收入		
13	加：其他收益		
14	投资收益（损失以"-"号填列）		
15	其中：对联营企业和合营企业的投资收益		
16	以摊余成本计量的金融资产终止确认收益（损失以"-"号填列		
17	净敞口套期收益（损失以"-"号填列）		
18	公允价值变动收益（损失以"-"号表示）		
19	信用减值损失（损失以"-"号填列）		
20	资产减值损失（损失以"-"号表示）		
21	资产处置收益（损失以"-"号表示）		
22	二、营业利润（亏损以"-"号表示）	=B4-B5-B6-B7-B8-B9-B10+B13+B14+B17+B18+B	
23	加：营业外收入		
24	减：营业外支出		
25	三、利润总额	=B22+B23-B24	
26	减：所得税费用	=第3题总分类账!E59	
27	四、净利润	=B25-B26	
28	（一）持续经营净利润（净亏损以"-"号表示）		
29	（二）终止经营净利润（净亏损以"-"号表示）		
30	五、其他综合收益的税后净利润		
31	（一）不能重分类进损益的其他综合收益		
32	（二）将重分类进损益的其他综合收益		
33	六、综合收益总额		
34	七、每股收益		
35	（一）基本每股收益		
36	（二）稀释每股收益		

图 10　利润表

4. 建立的模型及相关公式如图 11 所示。

B8 =PV(B4, B5, B6*B3, B6, B7)

	A	B
1	债券发行价格	
2	说明	数据
3	票面利率	5%
4	市场利率(Rate)	6%
5	计息期(Nper)	8
6	债券面值(FV)	-1 000
7	付息类型(type)	0
8	债券发行价(PV)	¥937.90

图 11　债券发行价格

5. 在单元格区域 E1:G17 建立如图 12 所示模型(无数字),并进行操作:

(1) 在单元格 F3 中输入公式=B10,并将公式复制到单元格 G3。

(2) 在单元格 F4 中输入公式=B3－B8 * B6;并将公式复制到单元格 G4。

(3) 在单元格 F5 中输入公式=(F4－F3) * ＄B＄13;并将公式复制到单元格 G5。

(4) 在单元格 F6 中输入公式=F3+F5;在单元格 G6 中输入公式=G3+G5+C12。

(5) 在单元格 F7 中输入公式=B9;并将公式复制到单元格 G7。

(6) 在单元格 F8 中输入公式=B8;并将公式复制到单元格 G8。

(7) 在单元格 F9 中输入公式=F7 * (1－＄B＄13);并将公式复制到单元格 G9。

（8）在单元格 F10 中输入公式＝F8＊＄B＄13;并将公式复制到单元格 G10。

（9）在单元格 F11 中输入公式＝F9－F10;并将公式复制到单元格 G11。

（10）在单元格 F12 中输入公式＝B11;并将公式复制到单元格 G12。

（11）在单元格 F13 中输入公式＝B4;并将公式复制到单元格 G13。

（12）在单元格 F14 中输入公式＝（F12－F13）＊＄B＄13;并将公式复制到单元格 G14。

（13）在单元格 F15 中输入公式＝F12－F14;并将公式复制到单元格 G15。

（14）在单元格 F16 中输入公式＝（F6－PV（＄B＄14,B7,,－F15））/PV（＄B＄14,B7,－1）+F11;并将公式复制到单元格 G16。

（15）在单元格 F17 中输入公式＝IF（F16<G16,"使用旧设备",IF（F16>G16,"更换新设备","使用新旧设备都可以"））。

操作后的结果如图 12 所示。

	E	F	G
1	计算过程与决策结果		
2	项目	旧设备	新设备
3	目前变现价值	20 000	30 000
4	目前账面价值	22 000	30 000
5	变现抵税	500	0
6	初始流出	20 500	35 000
7	年付现成本	10 000	7 000
8	年折旧额	5 000	8 000
9	税后付现成本	7 500	5 250
10	折旧抵税	1 250	2 000
11	税后运行成本	6 250	3 500
12	报废残值收入	2 000	3 000
13	税法残值	2 000	2 000
14	报废收入纳税	0	250
15	终结流入	2 000	2 750
16	平均年成本	12286.21	12032.47
17	决策结论	更换新设备	

图 12　固定资产更新模型

Excel 在会计和财务管理中的应用模拟试题（二）参考答案

一、单项选择题（本大题共 10 小题,每小题 1 分,共 10 分）

1	2	3	4	5	6	7	8	9	10
C	A	D	D	D	D	B	A	C	B

二、多项选择题(本大题共 5 小题,每小题 1 分,共 5 分)

1	2	3	4	5
ABCD	BD	AD	ABD	BD

三、判断题(本大题共 5 小题,每小题 1 分,共 5 分)

1	2	3	4	5
√	√	√	×	×

四、上机操作题(本大题共 5 小题,第 1、第 2、第 4 小题每小题 10 分,第 3 小题 35 分,第 5 小题 15 分,共 80 分)

1. 在单元格 C4 中输入公式:

=IF(B4<60,"不及格",IF(B4<80,"中等",IF(B4<90,"良好","优秀")))

在单元格区域 H1:I6 设置"等级范围",在单元格 D4 中输入公式:

=VLOOKUP(B4,$H$3:$I$6,2,1),结果如图 13 所示。

	A	B	C	D	E	F		G	H	I
1			平均分等级			成绩等级			等级范围	
2	班级	平均分	等级判断			成绩<60	不及格		下限	等级
3			法一(IF)	法二(VLOOKUP)		60≤成绩<80	中等		0	不及格
4	一班	75	中等	中等		80≤成绩<90	良好		60	中等
5	二班	25	不及格	不及格		90≤成绩	优秀		80	良好
6	三班	86	良好	良好					90	优秀
7	四班	95	优秀	优秀						

图 13　成绩平均分等级

2. (1)"数据"|"排序和筛选"|"排序"命令,打开"排序"对话框,进行设置,如图 14 所示。

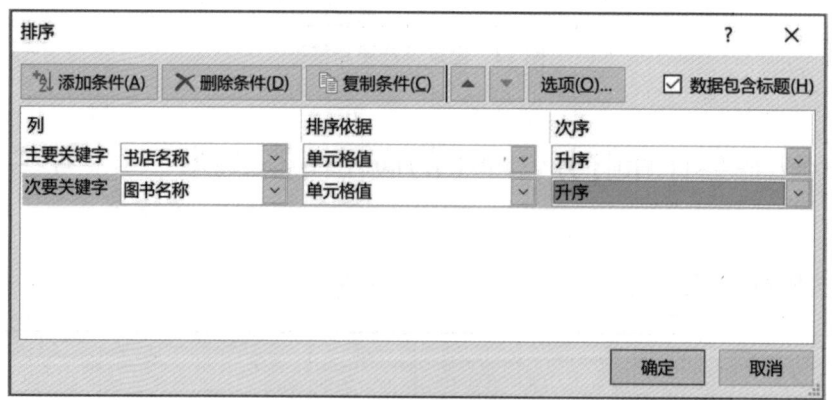

图 14　排序对话框

(2)"数据"|"分级显示"|"分类汇总"命令,打开"分类汇总"对话框,进行如下设置,如图 15 所示。进行第 2 次分类汇总,如图 16 所示。

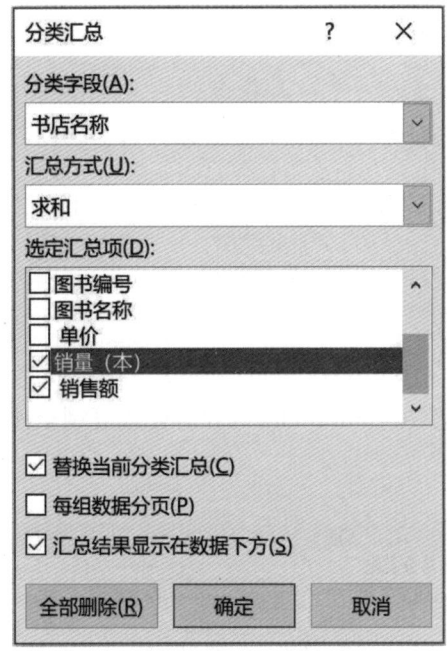

图15 分类汇总 1

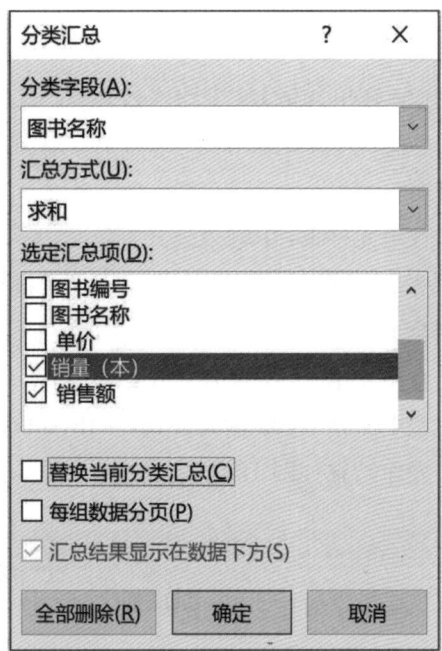

图16 分类汇总 2

汇总结果如图 17 所示(部分)。

1 2 3 4		A	B	C	D	E	F	G	H
	1					销售订单明细表			
	2	订单编号	日期	书店名称	图书编号	图书名称	单价	销量(本)	销售额
+	12					《Access数据库程序设计》 汇总		234	¥ 9 594.00
+	21					《C语言程序设计》 汇总		241	¥ 10 122.00
+	32					《Java语言程序设计》 汇总		185	¥ 7 215.00
+	37					《MS Office高级应用》 汇总		159	¥ 6 201.00
+	43					《MySQL数据库程序设计》 汇总		103	¥ 4 120.00
+	54					《VB语言程序设计》 汇总		203	¥ 7 714.00
+	57					《操作系统原理》 汇总		56	¥ 2 184.00
+	62					《计算机基础及MS Office应用》 汇总		155	¥ 5 580.00
+	69					《计算机基础及Photoshop应用》 汇总		152	¥ 5 168.00
+	77					《计算机组成与接口》 汇总		183	¥ 7 320.00
+	84					《嵌入式系统开发技术》 汇总		112	¥ 4 928.00
+	94					《软件测试技术》 汇总		257	¥ 9 252.00
+	101					《软件工程》 汇总		172	¥ 7 396.00
+	110					《数据库技术》 汇总		203	¥ 8 323.00
+	116					《数据库原理》 汇总		147	¥ 5 439.00
+	120					《网络技术》 汇总		75	¥ 3 225.00
+	128					《信息安全技术》 汇总		181	¥ 7 059.00
-	129			博达书店 汇总				2818	¥ 110 840.00

图17 分类汇总结果

3.（1）单击"插入"|"表格"|"数据透视表"，数据透视表字段中进行如下布局：

"筛选"区域：年，月；"行"区域：科目编号，科目名称；"值"区域：借方金额，贷方金额。并将工作表重命名为"第 3 题科目汇总表"。

（2）将工作表"第 3 题会计凭证表"中的单元格 J4、K4 中的数据修改为 11 700；激活工作表"第 3 题科目汇总表"，"数据透视表工具"|"数据透视表分析"|"数据"|"刷新"。

（3）在单元格 D4 中输入公式：

＝IFNA(VLOOKUP(A4,第 3 章科目汇总表！＄B＄5：＄D＄33,2,0),0)，并将公式复制至该列。

在单元格 E4 中输入公式：

＝IFNA(VLOOKUP(A4,第 3 章科目汇总表！＄B＄5：＄D＄33,3,0),0)，并将公式复制至该列。

在单元格 F4 中输入公式：＝IF(B4＝""，""，B4＋D4－E4)，并将公式复制至该列。

在单元格 G4 中输入公式：＝IF(C4＝""，""，C4＋E4－D4)，并将公式复制至该列。

操作结果如图 18 所示(部分)。

	A	B	C	D	E	F	G
1	恒大有限责任公司总分类账						
2	会计科目	期初余额		本期发生额		期末余额	
3		借方	贷方	借方	贷方	借方	贷方
4	库存现金	22 000.00		48 900.00	2 682.91	68 217.09	
5	银行存款	153 000.00		128 000.00	78 340.00	202 660.00	
6	其他货币资金	－		－	－	－	
7	交易性金融资产	－		－	－	－	
8	应收票据	15 000.00		－	－	15 000.00	
9	应收账款	42 000.00		132 888.00	11 700.00	163 188.00	
10	应收股利	－		－	－	－	
11	其他应收款	－		2 000.00	2 000.00	－	
12	预付账款	－					
13	坏账准备		500.00	－	－		500.00

图 18　总分类账

（4）资产负债表操作结果如图 19 所示。

4. 建立的模型及相关公式如图 20 所示。

5. 在单元格区域 A9：I21 建立如图 21 所示模型(无数字)，并进行操作：

（1）在单元格 B11 中输入公式＝－B2；在单元格 G12 中输入公式＝B3；在单元格 B13 中输入公式＝－B4；在单元格 G14 中输入公式＝B4。

（2）选择单元格区域 C15：G15 输入数组公式＝C6：G6。

（3）选择单元格区域 C16：G16 输入数组公式＝C7：G7。

图 19 是资产负债表。

	A	B	C	D	E	F
1				资产负债表		
2	编制单位：恒大有限责任公司		2022年	12月 31日		单位：元
3	资产	期末余额	上年年末余额	负债及所有者权益	期末余额	上年年末余额
4	流动资产			流动负债		
5	货币资金	270 877.09		短期借款	380 000.00	
6	交易性金融资产			交易性金融负债		
7	衍生金融资产			衍生金融负债		
8	应收票据	15 000.00		应付票据		
9	应收账款	162 688.00		应付账款	23 780.00	
10	应收款项融资			预收款项		
11	预付款项			合同负债		
12	其他应收款			应付职工薪酬	12 260.00	
13	存货	455 627.35		应交税费	51 917.44	
14	合同资产			其他应付款	3 000.00	
15	持有待售资产			持有待售负债		
16	一年内到期的非流动资产			一年到期的非流动负债		
17	其他流动资产			其他流动负债		
18	流动资产合计	904 192.44		流动负债合计	470 957.44	
19	非流动资产			非流动负债		
20	债权投资			长期借款		
21	其他债权投资			应付债券		
22	长期应收款			其中：优先股		
23	长期股权投资	500 000.00		永续债		
24	其他权益工具投资			租赁负债		
25	其他非流动金融资产			长期应付款		
26	投资性房地产			预计负债		
27	固定资产	3 814 000.00		递延收益		
28	在建工程			递延所得税负债		
29	生产性生物资产			其他非流动负债		
30	油气资产			非流动负债合计	－	
31	使用权资产			负债合计	470 957.44	
32	无形资产	500 000.00		所有者权益（或股东权益）		
33	开发支出			实收资本（或股本）	4 500 000.00	
34	商誉			其他权益工具		
35	长期待摊费用			其中：优先股		
36	递延所得税资产			永续债		
37	其他非流动资产			资本公积	200 000.00	
38	非流动资产合计	4 814 000.00		减：库存股		
39				其他综合收益		
40				专项储备		
41				盈余公积	460 000.00	
42				未分配利润	87 235.00	
43				所有者权益（或股东权益）合计	5 247 235.00	
44	资产总计	5 718 192.44		负债和所有者权益（或股东权益）总计	5 718 192.44	

图 19 资产负债表

	A	B	C	D	E	F
1				支付决策方案		
2	项目	方案一	方案二	方案三	方案四	方案五
3	利率	0.05	0.05	0.05	0.05	0.05
4	期数（年）		10	10	20	10
5	时点		0	0	1	1
6	年金			12	0.6	0.7
7	终值		150			50
8	现值	100	=PV(C3,C4,,-C7)	=PV(D3,D4,-D6)	=PV(E3/12,E4*12,-E6,E5)	=PV(F3/12,F4*12,-F6,-F7,F5)

图 20 支付决策方案模型

（4）选择单元格区域 C17:G17 输入数组公式＝SYD(B2,B3,G5,C5:G5)。

（5）选择单元格区域 C18:G18 输入数组公式＝C15:G15－C16:G16－C17:G17。

（6）选择单元格区域 C19:G19 输入数组公式＝C18:G18＊E2。

（7）选择单元格区域 C20:G20 输入数组公式＝C18:G18－C19:G19。

（8）选择单元格区域 C21:G21 输入数组公式＝C20:G20＋C17:G17。

（9）在单元格 B22 中输入公式＝B11＋B13，选择单元格区域 C22:F22 输入数组公式＝C21:F21；在单元格 G22 中输入公式＝G12＋G14＋G21。

（10）在单元格 I11 中输入公式＝NPV(E3,C22:G22)＋B22。

（11）在单元格 I12 中输入公式＝NPV(E3,C22:G22)/－B22。

（12）在单元格 I13 中输入公式＝IRR(B22:G22)。

（13）在单元格 I14 中输入公式＝IF(I11＞0,"可行","不可行")。

操作结果如图 21 所示。

	A	B	C	D	E	F	G	H	I
9					计算与评价结果				
10	年份	0	1	2	3	4	5	评价指标的计算及评价结果	
11	期初固定资产投资	-310 000						净现值	43018.22
12	固定资产残值						10 000	获利指数	1.10
13	期初垫支营运资金	-100 000						内部收益率	0.14
14	营运资金回收						100 000	项目的可行性评价	可行
15	销售收入		155 000	165 000	175 000	185 000	195 000		
16	付现成本		50 000	55 000	60 000	65 000	70 000		
17	年折旧		100 000	80 000	60 000	40 000	20 000		
18	税前利润		5 000	30 000	55 000	80 000	105 000		
19	所得税		1 250	7 500	13 750	20 000	26 250		
20	税后净利润		3 750	22 500	41 250	60 000	78 750		
21	营业现金流量		103 750	102 500	101 250	100 000	98 750		
22	净现金流量	-410 000	103 750	102 500	101 250	100 000	208 750		

图 21　长期投资决策模型